ÉTUDE

SUR LES

RELATIONS ÉCONOMIQUES

DES PRINCIPAUX PAYS

DE

L'EUROPE CONTINENTALE

AVEC L'EXTRÊME-ORIENT

PAR

Edouard CLAVERY

CONSUL DE FRANCE

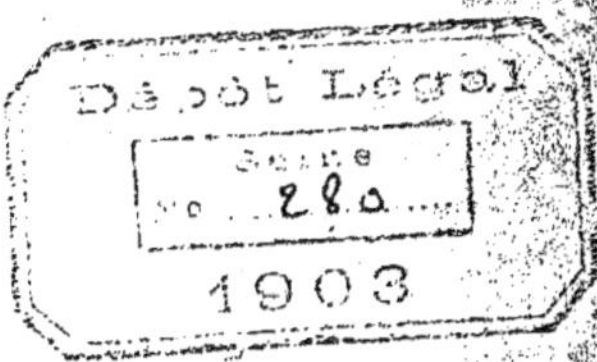

PARIS

IMPRIMERIE ET LIBRAIRIE LÉAUTEY

24, Rue Saint-Guillaume et Boulevard Saint-Germain, 187

1903

AVANT-PROPOS

—

La question des relations économiques avec l'Extrême-Orient est de celles qui, pendant la période récente, ont spécialement attiré l'attention publique en Europe. On s'est, notamment, occupé de la valeur de ces régions asiatiques comme débouchés pour les marchandises de l'Occident ; elle n'a pas encore autant d'importance qu'on l'avait d'abord supposé. Cependant, on constate que, depuis dix ans, les exportations des pays du Continent vers la Chine et le Japon ont sensiblement progressé. De 1891 à 1900, pour l'Allemagne, l'augmentation atteint 89.7 millions de francs (152 0/0), pour la Belgique, 19 millions 489.000 francs (217 0/0), pour la Suisse, 12 millions 413.000 francs (233 0/0), pour l'Autriche-Hongrie, 12 millions 875.000 francs (1.430 0/0), enfin, pour l'Italie, 6 millions 533.000 francs (625 0/0). Durant le même intervalle, les envois de France se sont élevés de 15 millions à 34 millions 337.000 francs, soit une plus-value de 19 millions 1 2 environ, ou de 137 0/0 ; ceux de l'Angleterre (1) ont monté de 157 millions de francs (52 0/0). Au total, l'accroissement se chiffre par 317 millions 378.000 francs avec le Royaume-Uni, et 160 millions 410.000 francs sans le Royaume-Uni.

Il y a deux ans, M. Yves Guyot écrivait dans le Siècle (2) : « Nous croyons que la politique européenne doit avoir pour base cette formule : « Substitution en Chine, à la politique religieuse et militaire, de la politique commerciale. » En ce qui concerne notre pays en particulier, cette maxime paraîtra d'autant plus justifiée, elle pourra s'appliquer dans des conditions d'autant plus favorables que l'ensemble des intérêts privés français, dans l'Empire du Milieu, aura pris plus d'extension ; elle constitue comme un nouveau motif de sou-

---

(1) On trouvera quelques détails, au sujet de ce pays, dans ma brochure publiée chez le même éditeur, au mois de juin dernier, sur les *Relations économiques entre l'Angleterre et l'Extrême-Orient.*

(2) Numéro du 4 octobre 1900. La phrase citée est une variante de celle qui sert de conclusion au livre sur « La Science Économique », du même écrivain.

haiter le développement des relations économiques entre les deux contrées.

C'est là, d'ailleurs, un vœu qu'il est naturel de former, à des points de vue divers, et qui s'est manifesté déjà plusieurs fois; le 8 août dernier, M. le Gouverneur général de l'Indo-Chine l'exprimait aussi, lors du banquet offert en son honneur par l'Association du Commerce et de l'Industrie. Dans son allocution, M. Beau, — qui, comme on sait, arrivait alors de Chine, où, pendant un an, il avait représenté la France, — a déclaré expressément qu' « il faut que l'action politique ait pour fondement la masse « des intérêts industriels et commerciaux ».

Un négociant, un chef d'entreprise est, en général, averti le premier des occasions qui peuvent se présenter : à propos d'une opération donnée, à lui seul appartient de juger ce qui est possible et avantageux. Pour sa décision, il est clair qu'il tiendra compte, avant tout, des conditions qui se rencontrent dans le pays même du siège de ses affaires. Néanmoins, on ne saurait dire qu'il n'y a jamais d'intérêt pratique à connaître les tentatives faites et les résultats obtenus par des concurrents étrangers. En matière économique, l'expérience d'autrui parfois est instructive. Quoi qu'il en soit, par l'ensemble d'informations qu'elle contient, la présente étude ne restera peut-être pas tout à fait inutile. Le lecteur trouvera notamment, en appendice (annexe I), l'énumération détaillée des articles allemands, belges suisses, autrichiens et italiens, qui, pendant les exercices 1900 et 1901, ont été placés, en quantités plus ou moins considérables, sur les marchés d'Extrême-Orient. Les exportateurs français en relations d'affaires avec les mêmes régions apprécieront s'ils ont un parti quelconque à tirer des renseignements ainsi réunis sur les opérations de leurs compétiteurs des pays voisins.

23 Novembre 1902.

RELATIONS ÉCONOMIQUES

ENTRE

L'EUROPE CONTINENTALE & L'EXTRÊME-ORIENT

————➤◄————

Quand on cherche à se rendre compte, d'une façon quelque peu précise et détaillée, des relations économiques entre le continent européen et l'Extrême-Orient, on rencontre une difficulté particulière. Il existe bien des statistiques officielles dressées dans les États asiatiques ; mais, malgré l'intérêt qu'ils présentent, les renseignements fournis par ces documents semblent parfois insuffisants, au point de vue surtout des relations avec chacun des pays de l'Occident, pris séparément. C'est ainsi que dans les *Trades Reports and Returns* publiés par l'administration des douanes chinoises, les commerces respectifs de la France, l'Allemagne, l'Autriche-Hongrie, etc., sont confondus sous la rubrique générale d' « Europe continentale » (moins la Russie). Pour l'année 1900, les chiffres concernant les échanges de l'Empire du Milieu avec les nations ainsi groupées sont de 10.273.405 hk. taëls (39.131.573 fr.) à l'importation et de 24.976.619 hk. taëls (95.190.918 fr.) à l'exportation.

Or, comme on le verra plus loin, d'après les documents européens ce même mouvement d'affaires, dans les ports du continent, est estimé, respectivement, à 112 millions à la sortie et à 274 millions (1) à l'entrée. Ces chiffres, il est vrai, comprennent aussi le commerce avec Hong-Kong et Macao, lequel, naturellement, n'est pas inclus dans les statistiques des douanes chinoises. Mais, d'un autre côté, le trafic avec la Hollande, le Danemark, la Suède et la Norvège, et le Portugal reste en dehors des deux sommes indiquées. On peut estimer qu'il y a compensation, en quelque sorte, et que les nombres donnés représentent approximativement, à l'arrivée ou au départ des ports européens, la valeur déclarée ou arbitrée des marchandises en provenance ou à destination de l'Empire du Milieu seul,

______

(1) De francs.

c'est-à-dire sans les possessions britannique et portugaise à l'embouchure de la rivière de Canton (1).

De même, les rapports annuels publiés au Japon fournissent d'utiles informations, mais qui, sur certains points, présentent aussi des divergences très marquées avec les évaluations établies par les soins des administrations respectives en Europe. Par exemple, d'après la publication annuelle *Foreign Trade of the Empire of Japan*, les importations d'Allemagne figurent, en 1900, pour 17.183.953 yens (fr. : 43 819 080), tandis qu'à la sortie du territoire douanier germanique, la valeur des marchandises expédiées sur le Japon est estimée à 70 millions 400 mille marcs (82 500 000 fr).

Les statistiques dressées en Europe sont en général fort détaillées et par là semblent offrir certaines garanties d'exactitude ; quoi qu'il en soit, pour l'étude qui va suivre, j'ai dû les consulter de préférence, surtout comme étant, en somme, les plus comparables entre elles. En France, le *Tableau général des Douanes* paraît tous les ans depuis 1830 ; pour l'étranger, les documents correspondants sont publiés sous les titres suivants : en Allemagne, *Auswärtiger Handel des deutschen Zollgebiets ;* en Autriche, *Statistik des auswärtigen Handels des Osterreichisch-Ungarischen Zollgebiets (I Band 2 Abtheilung) ;* en Belgique, *Tableau général du commerce avec les pays étrangers ;* en Italie, *Movimento commerciale del Regno d'Italia ;* en Espagne, *Estadistica general del commercio exterior de España.* Tous ces ouvrages contiennent des sections spéciales consacrées au mouvement commercial avec la Chine, le Japon, l'Indo-Chine et les archipels voisins. Les renseignements qu'ils fournissent permettent, soit de contrôler ceux qu'on obtient par les autres moyens d'information, soit au besoin d'y suppléer.

Commerce

Examinons d'abord celles de ces données qui sont relatives à la Chine.

---

(1) Les statistiques allemandes permettent seules de distinguer entre l'Empire du Milieu proprement dit et les deux ports portugais ou anglais, comme pays de provenance ou de destination.

Importations en Allemagne venant de Chine en 1900 : 40 millions de francs, dont 691,000 francs (1.7 0/0) de Hong-Kong et de Macao.

Exportations d'Allemagne vers la Chine en 1900 : 66 millions.100,000 francs, dont 4 millions 175 000 francs (6,77 0/0) pour Hong-Kong et Macao.

Voici les valeurs, en 1891 et en 1900, des marchandises provenant de l'Empire du Milieu, importées dans les principaux pays d'Europe :

	Millions de Francs	
	1891	1900
France	103.6	161
Italie	0.675	49.661
Allemagne	15	40
Autriche	5.7	6.028
Belgique	2.8	5.5
Suisse	1.3	8.982
Espagne	0.02	2.962
Totaux	130.077	274.233 (*)

A la sortie des mêmes pays, les articles exportés à destination des ports chinois ont été estimés aux sommes ci-après :

	Millions de Francs	
	1891	1900
Allemagne	41.1	60.1
Belgique	7.6	17.230
France	2.5	16.437
Suisse	3	6.384
Italie	0.736	4.344
Autriche-Hongrie	0.893	1.734
Espagne	0.07	37
Totaux	55.837	112.066 (**)

Pour le Japon, les données correspondantes sont indiquées ci-dessous :

	1891		1900	
	Import. en Europe	Export. d'Europe	Import. en Europe	Export. d'Europe
	Millions de Francs			
Allemagne	6.067	17.886	20.5	82.5
France	85.1	12.4	65	17.9
Belgique	0.149	1.338	3.491	11.197
Suisse	1.562	3.922	9.929	10.591
Autriche	3.731	0.168	4.167	12.343
Italie	0.165	0.009	11.787	2.189
Espagne	0.000.294	0.001.890	0.429	0.061
Totaux	96.774.294	35.724.890 (***)	115.303	136.181 (***)

(*) Au lieu de 95.190.918 francs, d'après les douanes chinoises.

(**) Au lieu de 39.131.573 francs d'après les douanes chinoises (pour toute l'Europe continentale, sauf la Russie).

(***) Valeur à l'importation au Japon d'après la statistique officielle de ce pays
37,733,000 francs en 1891,
135.981,000 francs en 1900.
(Non compris les chiffres concernant l'Espagne.)

Relativement aux Etablissements des Détroits, les statistiques, pour l'année 1900, fournissent les résultats suivants :

	Import. en Europe	Export. d'Europe
	Millions de Francs	
Allemagne	16.576	15.019
Belgique	1.881	1.681
Italie	456	132

J'indiquerai encore les chiffres qui se rapportent au commerce avec les Indes Néerlandaises, également pendant l'exercice 1900 :

	Import. en Europe	Export. d'Europe
	Millions de Francs	
Allemagne	100.10	33.625
France	27.1	2.5
Autriche	21.496	0.250
Suisse	6.714	3.046
Italie	0.181	0.333

Et aux Philippines :

	Import. en Europe	Export. d'Europe
Allemagne	2.780	5.520
France	12.8	1.000
Espagne	15.962	22.398
Italie	0.035	0.007

Mais ce ne sont là que des valeurs abstraites. Que représentent, en fait, ces chiffres? Sur quels produits portent les échanges entre l'Extrême-Orient et l'Europe continentale? Des documents récents permettent d'établir un relevé spécial, par pays, des principaux éléments de ce commerce. L'exposé relatif aux marchandises sera complété par l'indication des banques et autres établissements possédés ou dirigés par les ressortissants de chacune des nationalités respectives.

Les achats de l'Allemagne à la Chine consistent en : or brut et en barres, soie et tissus de soie, thé, peaux, épices, soies de porc, plumes pour literie ; la même puissance importe, du Japon : du cuivre brut, de la colle de poisson, du camphre ; du Siam : du riz non décortiqué ; des Etablissements des Détroits : des bois à découper, de la gutta-percha ; des Indes Néerlandaises : des feuilles de tabac non travaillées, du café brut, de l'étain brut, des minerais d'or et de platine, du coprah, de la gutta-percha ; des Philippines : du chanvre de Manille. En retour, l'Empire germanique vend à ces contrées, divers produits de son industrie, en assez grand nombre, et notamment ceux qui sont énumérés ci-dessous :

	Valeurs en 1900
	Millions de Marcs
Articles en fer (finis et bruts, rails)	25.819
Machines et parties de machines, locomotives	9.740
Filés et tissus de laine	17.819
Bonneterie	4.330
Filés, tissus et vêtements de coton	7.460
Passementerie, bonneterie de coton	4.450
Aiguilles, machines à coudre	5.621
Papier	2.864
Bière en bouteilles	2.423
Savon et parfumerie	1.472
Soie et demi-soie (articles en)	1.455
Celluloïd (articles en)	0.785
Horlogerie	0.735
Articles fins en étain	0.358

Les négociants allemands dans ces régions ont à leur disposition un établissement de crédit de leur nationalité, la *Deutsche Asiatische Bank*, qui a des succursales dans les principaux ports ouverts en Chine, notamment à Tientsin, Shanghaï, Canton.

Comme on l'avait signalé déjà, cet établissement pratiquait d'une façon fort extensive le système du crédit aux petits commerçants et détaillants indigènes. D'après de récentes informations, il se trouverait maintenant, par suite de ces opérations, dans une situation difficile. Cette crise, pour n'avoir évidemment qu'un caractère passager, n'en est pas moins réelle. On comptait en Chine, en 1901, 1.531 résidents allemands et 122 maisons de commerce (1).

La Belgique se procure en Extrême-Orient : de la soie, des laines, du coton, des peaux, du cuivre, du nickel, des minerais divers, des graisses, de la cire brute, des tabacs non fabriqués, des drogueries, du riz. Elle y envoie des fers ouvrés, étirés ou laminés, de l'acier, du matériel de chemin de fer, de la houille et des briquettes de houille, des armes, des verres de vitrage.

L'esprit d'entreprise, qui distingue en général les sujets du roi Léopold, les a conduits à s'engager dans plusieurs importantes affaires

---

(1) Le *Siècle*, dans son numéro du 25 août 1902, contient les informations suivantes au sujet de la colonie allemande de Kiao-Tcheou :

« Le rapport du directeur des douanes allemandes indique que Tsing-Taü, le port de Kiao-Tchéou, n'a pas pris l'importance que l'on escomptait. La sécheresse a contrarié les récoltes indigènes et les exportations ont considérablement souffert. Les importations augmentent; mais les efforts tentés pour faire concurrence aux marchands de Chéfoo pour le commerce de la paille tressée et de la soie n'ayant pas réussi, on craint de ne pouvoir maintenir une balance suffisante dans les transactions et de voir une crise se produire, surtout à cause du petit nombre de paiements comptant en usage parmi es maisons chinoises. On regarde aussi comme de mauvais augure qu'aucune maison de banque chinoise ne se soit encore établie à Tsing-Taü. »

industrielles de ces régions, et notamment en Chine (1898). Cette intervention a eu pour effet de grandir, en dehors des intérêts commerciaux proprement dits, le rôle économique de la Belgique. On sait comment un syndicat franco-belge a entrepris la construction du chemin de fer de Hankéou à Pékin (1.300 kilomètres) (1). Peu après, dit la *Cote de la Bourse et de la Banque* du 17 juillet 1902, « un groupe « belge mettait sur pied, la reprise par un groupe anglo-belge du « charbonnage du Kaïping ; enfin, tout récemment, le même groupe « négociait la participation des Belges dans la construction concédée « aux Américains des chemins de fer de Hankow à Canton. » A cette même date, le *Temps* faisait connaître que le roi des Belges se serait rendu acquéreur de la plus grande partie des actions de la Compagnie du chemin de fer de Canton à Hankow, détenues par le syndicat américain. On annonçait aussi que trois Belges faisaient partie du conseil d'administration de la Société américaine constituée pour cette affaire. A propos de l'action économique que ses compatriotes exercent ainsi dans l'Empire du Milieu, M. P. de Lavelaye disait, dans les *Annales des Sciences politiques* du 15 mai 1902 : « Cette « intervention des Belges en Chine avait du reste été préparée de « longue main par un des principaux établissements industriels de « Belgique, la Société Cockerill, qui avait même installé à Fou-Tcheou « une importante usine chinoise, aujourd'hui entièrement dirigée par « des Chinois. »

Enfin, d'après une information publiée le 27 juillet dernier, le roi Léopold aurait fait l'achat, à Tientsin, d'une concession de 150 hectares.

Notons encore que le Japon a emprunté, pour ses écoles spéciales, les programmes de l'Institut supérieur de Commerce d'Anvers. Cet établissement renommé a célébré, en octobre 1902, le cinquantième anniversaire de sa fondation. Prenant la parole en cette circonstance, le consul du Japon a « rendu hommage des services rendus à son « pays, dont une part du développement commercial et industriel « doit être attribuée à l'excellence de l'enseignement belge. »

Maisons de commerce belges dans l'Empire du Milieu : 9 ; résidents : 238.

Cette brève digression sur les entreprises industrielles était particulièrement indispensable, en ce qui concerne la Belgique, pour donner une idée exacte des intérêts de cette nation engagés en Extrême-Orient. Mais il convient, maintenant, d'achever l'exposé

---

(1) V. Livre Jaune, 1900.

des échanges commerciaux entre les nations occidentales et les populations de race jaune ou malaise.

A l'entrée en Suisse, figurent, comme provenances de la Chine, du Japon et des régions voisines : de la soie, des tresses de paille, des produits chimiques, du thé, du café, du tabac, de l'étain (ces trois derniers produits fournis par les Indes Néerlandaises). En échange, la Confédération expédie surtout des articles d'horlogerie, des cotonnades, du lait condensé.

Les principales marchandises importées d'Extrême-Orient en Autriche-Hongrie sont : le cuivre, les tubes de bambous, les soies et soieries, les tresses de paille, le thé, les œufs de volaille, le tabac brut, les fèves de cacao, le café. Les exportations consistent, notamment, en sucres (1), papier, articles en métaux, chaussures, maroquinerie.

A Gablonz (chef-lieu de cercle, sur la Neiss), en Bohème, on fabrique, en grandes quantités, des objets de bimbeloterie et de bazar, tels qu'épingles à cheveux, peignes, miroirs, en usage en Extrême-Orient et particulièrement en Chine. Une maison, celle d'Emil Muller, successeur de Bartha, a la spécialité des affaires avec ces régions.

Nombre de résidents autro-hongrois en Chine : 124; maisons de commerce, 11.

L'Italie reçoit des ports d'Extrême-Asie surtout de la soie étirée, du cuivre et, certaines années, des quantités de corail importantes. A la sortie de la Péninsule, la variété des produits exportés est assez grande ; on peut citer entre autres : les vins et vermouths, le corail et les articles en corail, les articles de bimbeloterie, de mercerie, quelques cotonnades (tissus teints et imprimés), des lainages, des soieries, des pâtes alimentaires, des oranges, des citrons, des amandes, etc.

---

(1) Exportations de sucre d'Autriche-Hongrie au Japon pendant les six dernières années :

	Quintaux	Milliers de couronnes
1896	710	24
1897	9.156	252
1898	21.859	549
1899	159.049	4.319
1900	312.480	8.879
1901	195.335	5.030

Primes à la sortie, par quintal :

1° Pour le sucre brut : 3 couronnes 20 h. (3 fr. 35 env.);
2° Pour le sucre de consommation : 4 couronnes 60 h. (4 fr. 83 env.).

Le nombre des Italiens établis en Chine a plus que doublé depuis deux ans, passant de 124 à 273 ; d'après une information récente du *Handels Museum*, la création d'une Chambre de commerce, composée de sujets du roi Victor-Emmanuel II, était projetée à Shanghaï.

Nombre de maisons italiennes, en 1901 : 15.

Les principales marchandises expédiées en Chine à la sortie de France sont : les tissus de soie, les vêtements et lingerie, les vins ; au Japon : les tissus de laine (principalement des mousselines de laine (1), cet article étant, pour la France, une sorte de monopole), les tissus de soie, les vins et, éventuellement, des navires de guerre, en exécution des commandes officielles ; dans l'Indo-Chine française : les machines et mécaniques, la fonte, les fers et aciers, les vêtements et lingerie, les armes, poudre et munitions, le papier, le carton, les livres et gravures, la bimbeloterie et la tabletterie ; aux Indes Néerlandaises : les vins, les tissus de soie et de bourre de soie.

Les établissements de crédit français à Shanghaï sont : les succursales du Comptoir national d'Escompte et de la Banque de l'Indo-Chine (2), cette dernière dirigée par M. Augustin. Outre ses établissements dans notre colonie, à Saïgon, Tourane, Hanoï, etc., et à Bangkok pour le Siam, la Banque de l'Indo-Chine a des agences installées dans la région chinoise, à Canton, Hong-Kong et Hankeou (3).

Nombre de résidents français en Chine : 1.531 ; maisons de commerce, 64.

Le tableau ci-après présente, en quelque sorte, une vue d'ensemble de la situation ; il récapitule les données statistiques mentionnées plus haut et celles qui sont contenues dans les listes détaillées jointes en annexe (4) à la présente étude. Une colonne séparée indique la proportion pour cent que représentent, dans le total du commerce exté-

---

(1) Le principal article du commerce français, représentant peut-être les 5/8 du tout, est le produit lainier (*woolen staple*) « mousseline de laine », que les manufacturiers britanniques ne se sont pas sérieusement attachés à produire, et, par suite, on peut dire de la rivalité commerciale avec la France qu'elle n'existe que sur une petite échelle (*small extent*). (Rapport britannique sur le commerce étranger et la navigation du Japon, 1872-1900. *Misc. series*, n° 564, p. 2.)

(2) V. Rapports commerciaux des Agents diplomatiques et consulaires de France, n° 117, — Chine — Shanghaï, 1900, p. 4,19.

Pendant l'exercice 1901, la Banque a réalisé un bénéfice total de 2,469.789 francs 84 centimes. Le revenu des actions a représenté, en 1900, 20 0/0 du capital versé (125 fr.) ; 24 0/0, en 1901. V. *Revue de l'Extrême-Orient*, 23 juillet 1902.

(3) Sur les concessions de chemins de fer, mines et autres obtenues récemment par la France, voir les derniers *Livres Jaunes* publiés sur les affaires de Chine notamment celui de juin-octobre 1901, pp. 23-27.

(4) V. pages 20 à 50.

rieur (spécial) des États considérés, les échanges avec l'Extrème-Orient :

	Valeur en 1900 Importations et Exportations réunies Milliers de Francs	°/₀ dans le total du commerce extérieur (spécial)
Allemagne......................	404.336	2.9
France.........................	386.800 (*)	4.39
Italie	69.124	2.27
Autriche-Hongrie...............	57.499	1.5
Espagne........................	41.752	2
Belgique	36.937	0.88
Suisse.........................	35.646	2.34
Total.....................	1.032.094	Moy. 2.32

Dans une précédente étude (1), j'avais eu occasion de montrer que dans l'ensemble du commerce britannique le trafic avec l'Extrème-Orient n'avait pas, en fait, toute l'importance qu'on avait parfois supposée. On voit d'après les résultats qui viennent d'être indiqués que, pour les sept pays énumérés, leurs rapports économiques avec les mêmes contrées peuvent donner lieu à une observation analogue. Le chiffre d'affaires de la France n'atteint pas tout à fait celui de l'Allemagne ; cependant la proportion représentée, dans le total du commerce extérieur, est plus forte, en ce qui concerne notre pays. Finalement, c'est surtout en escomptant l'avenir que l'on peut actuellement signaler l'intérêt que présente, pour les négociants et industriels de l'Occident, la question des échanges avec l'Extrème-Orient.

Le développement ultérieur des exportations d'Europe vers les régions dont il s'agit paraît d'ailleurs tout à fait possible et même probable (2).

Le rétablissement de la paix en Chine, aux Philippines, l'organisation d'un ordre de choses plus réglé à l'intérieur de ces mêmes régions, auront certainement pour conséquence une reprise des affaires, que favoriseront aussi, d'une manière générale, les progrès de la civilisation (3). Dans son rapport annuel sur le commerce de la

---

(*) Dont, pour l'Indo-Chine, 83.129.000 francs.

(1) V. Bulletin du Comité de l'Asie française, Mai 1902.

(2) Une circonstance contraire au développement des affaires résulte actuellement de la nouvelle baisse, très marquée, qui s'est produite cette année-là sur le métal argent. Le pouvoir d'achat du kaikouan taël diminue en même temps que sa valeur au change, avec l'Europe. A la fin de novembre 1902, cette unité monétaire était cotée, sur le marché de Londres, de 2 s. 2 3/4 (2 fr. 80 c.) à 2 s. 7/8 (2 fr. 71), au lieu de 3 s. (3 fr.) en moyenne, en 1900. La valeur nominale du haïkouan taël (monnaie de compte) est de 6 s. 8 d. (8 fr. 18 c.).

(3) V., à ce sujet, l'analyse d'une conférence faite, à Londres, le 2 avril dernier, par le Dr Arthur von Rosthorn, chargé d'affaires autrichien à Pékin en 1900. Siècle du 3 avril 1902. — Cf. infrà, p. 22.

— 14 —

Chine (exercice 1901) M. F. E. Taylor « Statistical Secretary » des
douanes chinoises à Shanghaï, dit expressément : « Le fait principal
« à retenir, cependant, semble être que les Chinois, en dépit de
« leurs difficultés, ont été à même (*were able*) de dépenser, en 1901,
« en marchandises étrangères, deux fois autant d'argent qu'en 1891. »

On sait, enfin, que l'article 8 du traité signé le 25 août dernier, à
Pékin, entre l'Angleterre et la Chine, supprime les droits de likin,
principal obstacle à la circulation des marchandises à l'intérieur de
l'Empire du Milieu. Si cet acte est un jour mis en vigueur, il est clair
que ses effets seront grandement favorables à l'accroissement des
débouchés pour les produits européens.

De 1891 à 1900 les exportations totales de l'Allemagne, la France,
l'Italie, la Belgique et la Suisse, à destination de la Chine, sont pas-
sées de 54.936.000 francs à 110.495.000 francs. En dix ans l'augmentation a donc été de 55.559.000 francs, soit de 101,1 0/0.

En ce qui concerne le Japon, la comparaison des résultats obtenus
pendant les exercices correspondants permet de constater que,
depuis 1891, la plus-value des exportations de produits européens
à destination de l'Empire du Soleil Levant, monte en 1900, à
101.500.000 francs, soit à 279 0/0.

L'exposé qui précède se rapporte au mouvement commercial proprement dit ; il convient maintenant de présenter ici quelques données au sujet de la navigation par bâtiments européens en Extrême-
Orient.

Navigation

Voici, d'après les tableaux des douanes maritimes, la part qui
revient à chacune des marines marchandes de l'Europe sur le total
des entrées et des sorties de navires, dans les différents ports chinois,
en 1896 et en 1901 :

Pavillons	1896		1901	
	Nombre de bâtiments	Tonnage	Nombre de bâtiments	Tonnage
Allemand	2.090	1.945.019	6.641	7.542.829
Français	427	434.415	1.208	733.041
Suédois et Norvégien...	1.126	870.173	339	345.649
Danois	333	471.826	80	403.220
Hollandais....	38	53.238	77	93.852
Autrichien.............	24	59.372	71	411.583
Italien	»	»	10	334
Portugais..............	»	»	600	45.950
Espagnol	»	»	12	390
Belge.................	»	»	4	5.464
Russe.................	66	113.656	787	407.989
Totaux...........	3.084	3.647.699	9.829	9.400.001
Britannique	19.711	21.847.082	25.012	26.484.332
Total général (*)..	40.495	33.490.857	64.844	48.410.668

(*) Y compris les pavillons non européens.

D'après ces renseignements, dans l'ensemble du tonnage enregistré pendant l'exercice 1901, la proportion du pavillon britannique ressort à 54 0/0 ; celle des marines de l'Europe continentale, à 19,4 0/0 ; le reste, 27,6 0/0, étant réparti entre les marines des États-Unis du Japon.

De 1896 à 1901, la jauge totale des navires allemands a augmenté de 286 0/0 ; mais de 1896 à 1899 il s'était produit une diminution de 90.770 tonneaux (4,6 0/0), correspondant à une réduction de 12 unités dans le nombre des navires. Comme on sait, les chiffres du dernier exercice, 1901, ainsi d'ailleurs, en partie, que ceux de 1900, ont été grossis par le trafic exceptionnel auquel ont donné lieu les transports militaires rendus nécessaires par la campagne du Petchili ; les résultats suivants montrent comment l'accroissement s'est produit depuis 1892 :

	Pavillon allemand :		
	Nombre de navires	Tonnage	Proportion %
1892	2.016	1.466.133	6.52
1893	2.142	1.508.015	7.78
1894	2.429	1.983.605	6.6
1895	2.684	2.442.185	8.2
1896	2.090	1.945.019	5.81
1897	1.858	1.638.094	4.91
1898	1.831	1.685.098	4.92
1899	2.078	1.854.246	4.72
1900	3.527	4.032.147	9.88
1901	6.641	7.542.829	16

L'augmentation ainsi constatée à partir de 1900 tient certainement en partie à ce fait qu'en 1899 la compagnie du « Norddeutscher Lloyd » a doublé son service sur l'Extrême-Orient, c'est-à-dire qu'à la fin de cette année elle a substitué un service bi-mensuel à une ancienne ligne mensuelle, améliorant en même temps les dimensions et la qualité de ses bateaux. Elle a obtenu ce résultat grâce à une entente avec l'autre principale société allemande, « la Hambourg America », à laquelle elle a emprunté plusieurs navires (1). A propos de la navigation au Japon, j'aurai occasion de citer un passage du rapport de la légation britannique à Tokyo, dans lequel l'inauguration de ce nouveau service est particulièrement signalée.

Il est intéressant de noter que, malgré le grand écart existant entre le pavillon allemand et le pavillon français, au point de vue du

---

(1) Le « Norddeutscher Lloyd » effectue, sur l'Extrême-Orient, un service de quinzaine pour passagers, tandis que, vers la même direction, la « Hambourg America » assure l'exploitation d'une ligne, également de quinzaine, pour marchandises (*East asiatic cargo steam line*, avec escales à Hambourg, Brême, Rotterdam et Anvers).

tonnage, à l'entrée ou à la sortie des ports chinois, la marine marchande de notre pays conserve cependant un léger avantage, au point de vue de la *valeur* des cargaisons embarquées, à la sortie de Chine. C'est ainsi que d'après les statistiques (1), en 1901, les bâtiments français ont chargé des marchandises (principalement des balles de soie) pour une valeur de 10.382.013 hk. taëls, supérieure de 57.539 hk. taëls au prix des produits exportés à bord de navires allemands.

L'Allemagne participe d'une façon très effective à la navigation intérieure dans l'Empire du Milieu, sur les parcours où les étrangers sont admis, notamment sur le Yang-tzé-Kiang. Présentement, quatre ou cinq Compagnies anglaises (dont une, la « Union Line », assurant un service regulier) et des Sociétés anglo-chinoise, japonaise, chinoise, effectuent le transport des passagers et du fret entre Shanghaï et Hankéou ; la Société allemande du Norddeutscher Lloyd exploite également, entre ces deux points, une ligne avec départs réguliers ; cinq bâtiments battant pavillon germanique sont affectés à ce service. Dans le livret de cette Compagnie pour 1901, les prix de passage pour Hankéou directement étaient indiqués selon le tarif suivant :

	De Brême Hambourg Rotterdam, Amsterdam ou Southampton	De Gênes ou Naples
	marcs	marcs
1re Classe :		
Billet simple	1.700(*)	1.590
Aller et retour	2.605	2.475
2e Classe :		
Billet simple	1.000	890
Aller et retour	1.790	1.570

A Shanghaï, d'après une récente information, une Société de nationalité italienne va bientôt entrer en ligne à côté des trois grandes Compagnies anglaises française et allemande qui assurent actuellement les communications avec l'Europe pour les passagers et les marchandises de prix, transportées d'ordinaire par grande vitesse, comme les soies (2).

On lit, en effet, dans le *Monde économique* du 12 juillet : « Le

---

(1) *Imperial Maritime Customs.* — *Trade reports and returns*, 1901, p. 32-33

(*) En 1re classe : 16.50 marcs jusqu'à Shanghaï.

(2) Les Compagnies de la Shire Line (anglaise) et du Lloyd autrichien participent également à ce service, par des lignes mensuelles.

« ministre des postes, à Rome, ayant terminé ses études pour les
« nouvelles lignes de navigation sur la Chine et l'Australie....., pro-
« pose que la ligne entre l'Italie et la Chine soit exploitée par la
« Navigazione generale Italiana ». Cette Société recevrait une subven-
« tion annuelle de L. 300.000 et s'engagerait à instituer une ligne
« mensuelle de Gênes à Shanghaï, indépendamment du prolonge-
« ment actuel Bombay, Singapore, Hong-Kong. »

Le 15 septembre dernier s'est formée à Amsterdam une Compagnie
néerlandaise ayant pour objet d'organiser un service de transports
maritimes entre Java, la Chine et le Japon (1).

Au Japon, la situation respective des différentes marines de commerce européennes est représentée par les données suivantes :

| | Entrées | | | |
| | 1899 | | 1900 | |
	Nombre de navires	Tonnage	Nombre de navires	Tonnage
Allemand	175	252.356	392	1.030.768
Norvégien...............	105	135.145	163	268.969
Français	28	89.627	135	294.657
Totaux...........	308	447.128	690	1.594.393
Britannique.............	621	1.298.224	1.542	3.739.154

(States mans's Year Book.)

On voit que les chiffres du tonnage des divers pavillons ont doublé
et même quintuplé de 1899 à 1900. Ceci s'explique en grande partie,
comme j'ai eu occasion déjà de l'indiquer, à propos de la Chine, par
les nécessités du transport des troupes faisant partie des divers corps
expéditionnaires alliés débarqués à Takou en juillet, août et septembre 1900. Mais, en dehors même des circonstances exceptionnelles
qui ont ainsi contribué à grossir le trafic maritime, de toutes façons,
sans doute, des progrès notables de la navigation sous pavillon germanique se seraient manifestés durant cet exercice 1900. En effet, les
conséquences de l'organisation nouvelle de la ligne du Lloyd Nord-
Allemand sur l'Extrème-Orient, au départ de Southampton, se sont
produites dans l'Empire du Mikado, de même qu'en Chine. Voici
comment s'exprime à ce sujet le rapport diplomatique publié par le
Foreign Office sur le commerce du Japon en 1899 : « L'activité ma-
« ritime allemande a été très marquée en 1899. Un nouveau service
« direct de quinzaine sur le Japon fut inauguré par la Compagnie de
« navigation à vapeur du Norddeutscher Lloyd le 4 octobre, et le

____

(1) V. *Moniteur officiel du Commerce*, 16 octobre 1902.

2

« *Konig-Albert,* le plus grand vapeur qui soit jamais entré dans un
« port du Japon, a atteint Yokohama, le terminus de la ligne, en
« novembre : ce fut le premier bateau affecté à cette exploitation. Le
« service entre Hong-Kong, où les passagers d'Europe transbor-
« daient, et le Japon avait précédemment été mensuel et effectué
« par un seul petit steamer. Le *Konig-Albert* représente la classe
« de navires par lesquels le trafic dans ces eaux sera, par la suite,
« uniquement accompli. Il constitue un progrès marqué, comme
« dimensions et aménagements, sur n'importe lequel d'entre les
« navires britanniques jusque-là envoyés en Orient, et, avec l'avan-
« tage d'un voyage sans changement, du Japon à Southampton, la
« ligne gagnera rapidement faveur parmi les passagers britanniques,
« qui, sur les steamers britanniques, ne peuvent s'assurer aucune
« installation équivalente. Tous ceux qui sont engagés dans l'exploi-
« tation de la nouvelle ligne emploient leurs meilleurs efforts afin
« d'attirer les voyageurs britanniques, et, à moins que nos armateurs
« ne se montrent mieux capables de se tenir à la hauteur des cir-
« constances (*to keep up with the times*), ils sont exposés à perdre,
« avant longtemps, leur part dans le trafic.

« Un fait qui mérite d'être noté est celui-ci : tandis qu'il y a peu
« d'années les steamers britanniques transportaient une grande pro-
« portion du fret de Hambourg et d'Anvers au Japon, ils ont mainte-
« nant presque entièrement disparu de cet itinéraire.

« La compagnie Hambourg-Amérique est maintenant bien établie
« et assure un excellent service pour le fret sur les ports européens. »

Un peu plus loin, M. Arthur Lay ajoute : « Les Messageries Mari-
« times ont maintenant quatre beaux bâtiments sur leur ligne du
« Japon, un nouveau bâtiment à double hélice ayant accompli sa pre-
« mière visite au Japon dans l'été de 1899. »

Le bâtiment nouveau auquel ce passage se réfère est l'*Annam*, de
6.343 tonneaux de jauge, muni de machines pouvant développer
7.200 chevaux de force ; le premier navire à double hélice mis en
service sur cette ligne avait été le *Laos* (6,357 tonneaux, 7.200 chevaux); parti de Marseille le 17 juillet 1897, ce navire est arrivé dans
le port japonais le 27 août suivant. Les deux autres bateaux affectés
à cette même ligne, l'*Indus* et le *Tonkin*, sont également à double
hélice et pourvus de machines de 7.200 chevaux ; tous deux ont
accompli leur premier voyage en 1898 (1).

---

(1) Le *Dupleix,* paquebot de la Compagnie des Messageries impériales a quitté
le port de Shangaï, le 3 septembre 1865, pour inaugurer la nouvelle ligne du

Pour les autres ports de la même région, les renseignements paraissent, au point de vue qui nous occupe, insuffisants ; les statistiques ne permettent que difficilement d'arriver à établir, d'une façon précise, la part qui revient aux pavillons des différentes nations européennes. On peut toutefois constater qu'en 1899 le tonnage sous pavillon britannique a représenté 49 0/0 du total à Hong-Kong, 64 0/0 dans les Etablissements des Détroits et 29.8 0/0 dans les Indes Néerlandaises, où le pavillon hollandais a figuré pour 56 0/0 et l'ensemble des autres marines pour 13.2 0/0 seulement.

Au Siam, la situation est différente ; cette exception, unique d'ailleurs, à la situation généralement constatée dans les autres ports de ces parages, s'est produite depuis deux ans. A Bangkok, la part du pavillon allemand a passé de 7.5 0/0 en 1898 à 18.4 0/0 en 1899 et 58 0/0 en 1901, tandis que celle du pavillon britannique, inversement, descendait de 80 0/0 en 1898 à 70 0/0 en 1899 et 27 0/0 en 1901. On sait que ce changement est la conséquence de la cession que les Compagnies « Écossaise de navigation orientale » et « Holt » ont faite de leurs navires au « Norddeutscher Lloyd », en 1899. Au point de vue britannique, le fait peut, évidemment être considéré comme une indication d'une certaine gravité. Mais jusqu'à présent ses conséquences semblent être restées surtout locales, et ne s'être que peu manifestées, en dehors du trafic à l'entrée ou à la sortie du port de la Ménam.

Conclusion

Les informations qui précèdent permettent, semble-t-il, de se former une idée des intérêts commerciaux et maritimes que les divers pays de l'Europe continentale ont en Extrême-Orient, et d'en apprécier la valeur relative. Les quelques observations suivantes, qui résument ces renseignements, leur serviront en même temps de conclusion.

Il est manifeste que, depuis une dizaine d'années, l'Allemagne, la Belgique, la Suisse ont augmenté la somme de leurs échanges et

---

Japon. Ce navire aura mis à peine 50 jours pour franchir la distance d'environ 8.500 milles qui sépare Marseille de Yokohama.

Cette prolongation de la principale ligne de Chine jusqu'au Japon, avec lequel Shanghaï a de fréquents rapports, a été bien accueillie du commerce. (*Annales du Commerce extérieur*, février 1867. Faits commerciaux, n° 38, p. 61.)

développé, dans des proportions notables, leurs exportations vers l'Extrême-Orient.

En ce qui concerne le commerce entre notre pays et les contrées dont il s'agit, des progrès incontestables — en dehors même des relations avec l'Indo-Chine — ont été réalisés aussi, depuis vingt ou vingt-cinq ans. Seulement l'accroissement du mouvement d'affaires s'est produit surtout dans le sens des importations d'Asie dans notre territoire continental européen, beaucoup moins en sens inverse. Jusqu'en 1875, le marché des soies asiatiques était, presque en entier, à Londres. C'était là que les représentants de l'industrie lyonnaise étaient obligés de s'adresser pour se procurer la matière première. Maintenant il n'en est plus ainsi. La plupart des soies de Chine et du Japon consommées dans notre pays sont importées directement viâ Marseille, par des maisons françaises. La situation s'est heureusement modifiée, grâce surtout aux efforts de MM. Lacroix, Cousins et Cie ; auparavant, M. de Montigny, qui fut vice-consul, puis consul de France à Shanghaï, de 1847 à 1853, s'était spécialement intéressé à cette question et au sujet de laquelle il avait fourni d'utiles indications (1). A l'entrée en France, la valeur des articles provenant de Chine, de 41 millions de francs en 1870, s'est élevée à 88.6 millions en 1875, 100.9 millions en 1880, 161 millions en 1900 et 171 en 1901.

D'autre part, le commerce d'exportation de notre pays en Chine est resté, depuis une longue période, presque complètement stationnaire, sauf pendant les deux dernières années. La valeur des envois, estimée 3 millions 149.000 francs en 1875 et 3 millions 906.000 fr. en 1885, n'atteignait encore, en 1899, que 5 millions 448.000 francs ; elle s'est élevée à 16 millions 437.000 francs en 1900, pour redescendre à 8 millions 761.000 francs en 1901. On voit que l'augmentation, de plus de 10 millions de francs, qui s'est produite en 1900 ne s'est pas maintenue pendant l'exercice suivant : elle paraît avoir été provoquée, en partie, par la présence, dans le Nord de la Chine et à Shanghaï, du corps expéditionnaire français envoyé contre les Boxers. Cependant, pour que la France maintînt son rang parmi les puissances ayant des intérêts matériels importants en Chine, il serait fort à désirer que le trafic actuel prît de l'extension.

En général, les marchandises originaires de notre pays n'ont pas, il est vrai, de consommateurs dans la masse de la population chi-

---

(1) V. E. Millot, *La France dans l'Extrême-Orient*, 1881, p. 14.

noise; elles s'adressent à la clientèle, assez restreinte jusqu'ici, des résidents étrangers dans les ports ouverts, ainsi que des riches négociants et hauts fonctionnaires indigènes. On peut cependant signaler quelques produits dont la vente, dans ces conditions, paraît susceptible d'augmentation, notamment : les tissus de laine, de soie, les vins, les beurres et fromages, les machines, outils, etc. (1).

Tout compte fait, les opérations commerciales du Royaume-Uni restent actuellement, comme pendant les périodes antérieures, plus considérables que celles des Etats formant le groupe continental. La valeur des produits de la Grande-Bretagne et de l'Irlande expédiés en Chine (y compris Hong-Kong et Macao) et au Japon s'est élevée, de 300 millions de francs en 1891, à 456 millions en 1900. Il résulte de l'exposé qui précède que, sur les marchés d'Extrême-Orient, les principaux concurrents de la Grande-Bretagne (pour les articles qui intéressent spécialement son industrie) ne sont pas, sauf l'Allemagne, les pays du continent d'Europe : ce sont les Etats-Unis et le Japon. Quant aux articles provenant des sept Etats européens précédemment désignés, leur valeur totale, pendant les exercices correspondants, s'est élevée de 91.5 et 248 millions de francs respectivement. Le détail par pays, des éléments dont se composent ces deux dernières sommes est indiqué plus haut : de 1891 à 1900, l'augmentation atteint 55 millions 250.000 francs en Chine, et plus de 101 millions au Japon; elle ressort, au total, à 156.5 millions de francs, soit à 171 0/0.

Ces résultats démentent, fort heureusement, ce qui a été dit sur les conséquences funestes que, d'après quelques personnes, devait avoir, pour les manufactures européennes, l'installation de fabriques pourvues d'un outillage moderne, dans les pays habités par la race jaune. Depuis une dizaine d'années, des économistes, des hommes politiques, des publicistes, comme M. H. Faguet, — dans le *Journal des Débats* du 25 juillet 1895 (2), — ont prédit la ruine plus ou moins prochaine des industries en Occident, jugées incapables de résister à la concurrence des usines qui venaient d'être ou allaient être montées en Extrême-Orient. On voit donc que ces pronostics pessimistes n'ont été, jusqu'ici, d'aucune façon, justifiés par les faits.

Sur une échelle réduite, il est vrai, les données fournies par les statistiques chinoises confirment celles qu'on peut relever dans les publi-

---

(1) V. le *Tableau général du Commerce, etc.*, en 1901, p. 58.

(2) L'article intitulé « Le prochain Moyen Age » a eu du retentissement en Europe et jusqu'en Amérique. (V. *Political Science Quaterly*, septembre 1898, p. 57.)

cations de l'Occident : d'après les documents des douanes maritimes, il y a eu, pendant la dernière décade, augmentation, et augmentation marquée, des importations d'Europe dans l'Empire du Milieu. Ce chiffre total est passé de 2.471.075 hk. taëls en 1890 à 10.172.398 hk. taëls en 1899 : converties en monnaie française (1), ces sommes représentent respectivement **16.170.830** francs et **38.552.388** francs la plus-value nette s'élevant à **22.381.558** francs, soit à **138 0/0**. Signalons à ce sujet les informations caractéristiques que contient un article du *London and China Telegraph*, du **24 novembre 1902**, analysant le rapport de l'attaché commercial à Pékin sur le trafic extérieur de la Chine en **1901**; le passage suivant indique quels objets ont surtout bénéficié de l'accroissement total :

« Tandis que les principaux produits du commerce d'importation (en Chine), excepté le pétrole et le sucre, sont, dans une large mesure, restés stationnaires, certains articles, compris sous la désignation de Divers, accusent de grands développements (*strides*). Parmi ceux-ci figurent, notamment, la farine, les allumettes, le savon, les cigares et cigarettes, les teintures d'aniline, la parfumerie, les peintures et couleurs, et les parapluies. Les chiffres qui s'y rapportent rendent manifeste un changement graduel dans le goût indigène et une tendance croissante à absorber un plus grand nombre d'articles du luxe (*luxury*) occidental. On doit rappeler, comme le fait M. Jamieson, que pendant des siècles la Chine a été indépendante du monde extérieur, et, laissée à elle-même, peut facilement continuer de même. L'objet pour lequel les nations de l'Occident ont à lutter est d'assurer leur participation à l'approvisionnement de la Chine en produits de luxe, auxquels elle est en train de s'accoutumer et qu'elle ne pourra payer que par un seul moyen : en développant ses ressources minières. »

Dans les pays continentaux d'Europe, la valeur des marchandises arrivant de la Chine et du Japon s'est élevée de 230 millions 675 mille francs en 1891, à 271 millions 744 mille francs en 1900, soit une augmentation de 41 millions de francs ou de 17 0/0. Mais, actuellement comme il y a dix ans, la plus grande partie, pour ne pas dire la totalité de ces envois, se compose non d'objets manufacturés ou fabriqués, mais de produits naturels ou cultivés du sol : soie, thé, cuivre brut, riz, bois pour meubles (bambous), peaux, noix de galle, colle de poisson, camphre, tresses de paille, et autres. Rien ne fait prévoir que d'ici longtemps cet état de choses doive être modifié dans son ensemble. Les États-Unis mis à part, la France, par ses achats de soie grège, reste la plus forte cliente de l'Empire du Milieu et du Nippon.

---

(2) Cours moyen du taël en 1890 : 6 fr. 54.
—   —   en 1899 : 3 fr. 79.

Au sujet des transports maritimes, je reprendrai rapidement ici les données concernant la Chine et le Japon. En 1891, à l'entrée et à la sortie des ports ouverts de l'Empire du Milieu, la jauge totale — 27.710.788 tonnes — s'était partagée entre les différents pavillons suivant les proportions suivantes : Anglais 62 0/0, Allemand 6.8 0/0, Autrichien 1.6 0/0, Français 0.9 0/0, Chinois 24 0/0, Japonais 1.8 0/0, tous les autres 2.9 0/0.

Depuis, la part du pavillon allemand s'est élevée successivement :

En 1892, à 4.9 0/0.
De 1893 à 1894, à 5 0/0.
En 1896, à 6 0/0.
De 1897 à 1899, à 5 0/0.
En 1900, à 10 0/0.

Le total de 1901 — 48 416.668 tonnes — s'est réparti comme il suit : Grande-Bretagne 54 0/0, Allemagne 16 0/0, France 2 0/0, Chine 13 0/0, le Japon, l'Amérique et les autres pays ayant ensemble 17 0/0. On voit par là que la part proportionnelle des bâtiments britanniques a diminué, pendant les dix dernières années, de 12 0/0.

Les statistiques s'appliquant à la *valeur* des transports effectués (*trade*) entre la Chine et l'étranger aboutissent aux résultats suivants :

Pavillons	1891	1899	1901
Britannique	61.67	52.87	51.02 °/₀
Allemand	5.91	9.79	11.80 °/₀
Français	5.75	6.13	5.18 °/₀
Suédois et Norvégien	0.27	1.19	0.81 °/₀
Chinois	18.45	18.21	15.44 °/₀
Japonais	3.49	8.65	11.53 °/₀
Autres	4.77	16	3.81 °/₀

La marine marchande chinoise ne prend au mouvement de la navigation, dans l'ensemble des ports ouverts, qu'une part, comme on le voit, assez restreinte ; le pavillon national couvre à peine les deux dixièmes du tonnage employé pour les relations entre l'Empire du Milieu et les ports étrangers.

La situation comparée de la navigation chinoise à dix ans de distance, en **1892** et en **1901**, peut être établie d'après les chiffres suivants :

	1892		1899		1901	
	Nombre de navires	Tonnes	Nombre de navires	Tonnes	Nombre de navires	Tonnes
Bâtiments de type étranger	8.346	6.308.532	22.518	8.944.819	14.694	6.089.654
Jonques	6.286	252.667	8.461	404.428	7.921	345.170

En 1901, le nombre des navires de type étranger possédés par les Chinois est en augmentation, sur 1892, de 6.458 unités, tandis que la capacité, au total, a diminué de **218.878** tonnes; les jonques ont augmenté de 1.635 unités et de 92.503 tonnes.

Au Japon, on trouve un état de choses différent. Le cubage total des navires entrés dans les ports de l'Archipel, non compris le cabotage, de 1.870.661 tonnes en 1892, s'est élevé à 3.608.494 tonnes en 1899 et à 9.825.622 en 1900. Si, en raison des circonstances spéciales que l'on connaît, on écarte de la comparaison ce dernier exercice, on constate que de 1892 à 1899 l'accroissement a été de 1.738.133 tonnes et a profité surtout à la marine nationale du Nippon. En effet, à la fin de la même période décennale, la part du pavillon japonais s'était élevée de **19** à **35** 0/0, tandis que la proportion était passée de **51** à **35.9** 0/0 pour la Grande-Bretagne, de **14** à **6.9** 0/0 pour l'Allemagne, de **3** à **1.6** 0/0 pour la France, de **13** à **19.4** 0/0 pour les autres pays. Le lot de la marine norvégienne, qui n'était, en 1892, que de **0.33** 0/0 (entrées), représentait, en 1899, **3.7** 0/0 de l'ensemble, avec **135.145** tonnes et **105** navires.

En d'autres termes, à l'entrée des ports japonais, les différents pavillons européens ont été représentés par les tonnages suivants :

	1892	1899
Britannique	967.420	1.298.224
Allemand	278.702	252.356
Français	61.996	59.027
Norvégien	5.888	135.145
Russe	54.647	276.357
Hollandais	2.016	»

En somme, pendant la période récente, parmi les nations de l'Europe continentale les unes ont maintenu leurs relations maritimes avec l'Extrême-Orient, les autres sont parvenues, dans une certaine mesure, à les développer. Mais c'est dans les eaux chinoises surtout que les marines marchandes de l'Occident ont pu réussir à augmenter leurs opérations.

La marine marchande anglaise conserve encore, pour le service des transports sur cette grande voie maritime, la suprématie matérielle qu'elle a détenue jusqu'à présent ; cependant, ses opérations tendent de plus en plus à se limiter au trafic entre les propres ports du Royaume-Uni, Londres, Liverpool, Glasgow, Swansea, Middlesborough, etc, et ceux de l'Asie orientale. Il est vrai que les échanges entre ces deux groupes de marchés ont déjà, par eux-mêmes, une réelle importance. Bien qu'il soit relativement moins considérable que ce qu'on a parfois supposé, cependant, à lui seul, ce mouvement d'affaires suffit à fournir aux entreprises de navigation existantes des chargements assez réguliers (1), en marchandises lourdes.

En résumé, lorsque la crise monétaire qui sévit actuellement, surtout en Chine, sera passée, les nations de l'Occident trouveront sans doute en Extrême-Orient un accroissement de débouchés pour les articles qu'elles ont introduits déjà et pour quelques autres aussi. Il y aura place, dans ces contrées d'Asie, pour les divers concurrents en présence, à condition, bien entendu, pour ceux-ci, de rester en éveil, de se tenir au courant des tentatives et entreprises nouvelles de leurs rivaux. Par la situation territoriale mieux établie maintenant qu'il occupe en Indo-Chine, notre pays possède, semble-t-il, un avantage marqué qui lui permettra de poursuivre, dans de meilleures conditions, la lutte économique, au cours des prochaines années et de prendre une part plus complète au trafic des régions voisines.

---

(1) Moyenne du frèt sur l'Extrême-Orient en 1901 : 45 francs la tonne de 1.016 kilog. Voici le poids de quelques séries de produits exportés, en 1901, d'Angleterre en Chine (y compris Hong-Kong et Macao) :

	Tonnes		Tonnes
Fonte......................	6.534	Report..........	82.409
Vieux fer................	40.234	Cuivre...................	1.006
Ouvrages en métaux :		Charbon et coke............	139.385
a) fer...............	27.024	Verres et cristaux..........	752
b) acier...........	6.067	Savon	7.963
Plomb (Fonte de — et Ouvrages)..............	1.409	Bougies.................	1.398
Quincaillerie	221	Confitures, fruits conservés..	361
A reporter......	82.409	Total......	233.196

Sont à signaler, en outre :

491.072.100 Yards de tissus de coton., environ 49.000 tonnes.
    493.500   —   —   lin,   —   50 —
 13.843.500   —   —   laine,   —   2.700 —
    17.120 Barils de bière.   —   2.790 —
171.391 Livres sterling en machines et mécaniques (dont la quantité spécifique n'est pas relevée dans la statistique du Royaume-Uni). Calculée selon le taux modéré de 1 franc le kilog., cette valeur correspond à un poids d'environ 4.328 tonnes : ce chiffre, joint à ceux des seize produits énumérés ci-dessus, donne un total de 292.064 tonnes.

La somme des poids des marchandises exportées et réexportées de France à destination de la Chine a été de 9.355 tonnes en 1901 (Commerce général).

On voit, d'après ces renseignements, combien la situation des entreprises de transports maritimes est différente, dans notre pays, de celle qui se rencontre chez nos voisins d'Outre-Manche, tout au moins en ce qui concerne les relations avec l'Extrême-Orient.

ANNEXE I

ALLEMAGNE

RELATIONS AVEC L'EXTRÊME-ORIENT

(Années 1900 et 1901)

1° Chine (y compris Hong-Kong et Macao)

Importations en Allemagne

	Millions de marcs 1900	Millions de marcs 1901
Or brut et en barres.........................	12.7	21.8
Plumes pour literie brutes....................	3.6	2.8
dont, de Hong-Kong........ 0.3 — 0.1		
Thé...	2.8	2.9
Soies de porc................................	2.3	1.6
Noix de galle (*)............................	2.2	1.7
Camphre.....................................	1.7	0.4
dont, de Hong-Kong .... 0.2.		
Plumes de héron..............................	1.1	
Soie brute non teinte........................	1.0	1.2
Peaux sèches................................	1.1	3.1
Chevaux de selle (**)........................		1.0
Coton brut..................................	0.9	1.1
Tresses de paille...........................	0.9	1.2
dont, de Kiao-Tcheou........ 0.1		
Peaux de mouton apprêtées, non garnies et pelleteries non fourrées	0.7	0.6
Peaux et fourrures pour la pelleterie et dépouilles d'oiseaux........................		0.4
Cannelle (fleur et écorce)...................	0.4	0.4
A reporter.........	31.4	40.2

(*) Les *Galles de Chine* croissent sur les feuilles et les branches de deux sumacs : le *Rhus semialata Murr*, et le *Rhus japonica* Lieb., et sont produites par un hémiptère, *Aphis Chinensis* Doubl. — Très riches en tannin, elles contiennent jusqu'à 90 et 95 0/0 de cette substance; cependant la moyenne ne dépasse pas 70 0/0. Elles sont employées dans la fabrication des acides tannique et gallique, utilisés en teinture et pour la production de l'encre. (*Grande Encyclopédie.*)

(**) Cette importation de chevaux s'explique par le retour, de Chine, de l'expédition (allemande) de l'Asie orientale, qui recruta ses montures en Australie et aux États-Unis, et en prit livraison à Takou. Elle ne correspond à aucun commerce réel entre la Chine et l'Allemagne.

	1900	1901
Report	31.4	40.2
Ramie	0.4	0.4
Sésame	0.3	0.4
Tubes de bambous et de poivriers	0.3	0.3
Huiles grasses non spécialement dénommées, en fûts, pour l'usage industriel	0.3	
Œufs de volaille; jaunes d'œufs	0.3	
TOTAL	33	41.3

ou 91.7 % des 36 millions de marcs en 1900, et 92.4 % des 44.7 millions de marcs en 1901, de l'importation au commerce spécial. Dans ces dernières sommes,

	1900	1901
Hong-Kong figure pour	553.000 marcs	131.000 marcs
et Kiao-Tcheou pour	82.000 —	21.000 —

Exportations d'Allemagne

	Millions de marcs	Millions de marcs
Teintures d'aniline et autres tirées du goudron de houille. dont, sur Hong-Kong, 0.2 (1900), 0.4 (1901).	6.1	6.3
Aiguilles à coudre pour machines à coudre	5.4	4.8
Articles en fer bruts, non finis, vernis, zingués	1.5	1.2
— finis, vernis, zingués	1.1	
Quincaillerie	0.4	
Draps et tissus de laine non imprimés	3	2.6
Passementerie et mercerie de coton	2.3	1.3
Bière en bouteille	2.0	2.2
Ouvrages de menuiserie grossiers	1.9	1.1
Marchandises fines de fer malléable	1.8	2.4
Fer malléable en verges; cercles de roues et fers de charrues		0.5
Câbles télégraphiques	1.7	0.5
Pièces de fer pour chemins de fer	1.4	0.7
Rails	1.0	0.7
Filés de laine, excepté filés durs de laine peignée, tordus trois fois ou davantage	1.3	0.9
Alcaloïdes et leurs sels		
Alliage de cuivre en barres et plomb, non en plaques	1.1	1.2
Charbon de terre	0.9	
(le tout pour Kiao-Tcheou).		
Bonneterie, passementerie et mercerie de laine	0.9	2.3
Ponts de fer et parties	0.8	0.5
dont, pour Kiao-Tcheou 0.4		
Tissus de coton épais teints imprimés	0.8	0 4
Meubles et parties de meubles. Meubles garnis	0.7	
(le tout pour Kiao-Tcheou).		
A reporter	36.1	39.6

	1900	1900
Report	36.1	29.6
Machines et parties de machines autres que les locomotives, locomobiles, machines à coudre, chaudières. . Déchets de métaux	0.7	1.1
Etoupilles, cartouches avec douilles en cuivre, capsules.	0.7	
Ciment romain	0.6	0.6
dont, pour Kiao-Tcheou 0.4		
Poudre à canon	0.6	
Indigo	0.6	0.6
Cigares	0.6	0.4
Locomotives, locomobiles	0.6	0.6
Articles fins de laiton et autres alliages de cuivre	0.5	0.6
Armes de guerre	0.5	
Fil de fer brut, garni de cuivre, de zinc, poli	0.4	0.6
Horlogerie (montres, pendules, réveils, chronomètres).	0.4	
Vin — excepté le vin mousseux — en bouteilles		0.5
Sucre en pains		0.5
ENSEMBLE	42.4	39.6

ou 80.2 % du total de 52.9 millions de marcs de l'exportation allemande en Chine en 1900 ; 77.7 %, sur 47.5 millions de marcs, en 1901.

	1900	1901
TOTAL pour Kiao-Tcheou	5.7	5.3
— Hong-Kong	3.5	4.4

Progrès du trafic entre l'Allemagne et la Chine

	Importation en Allemagne	Exportation d'Allemagne
	Millions de marcs	Millions de marcs
1891	12.2	32.9
1895	27.0	35.4
1900	36.0	52.9
1901	44.7	47.5

La statistique chinoise ne permet pas de se rendre compte directement de la participation de l'Allemagne.

Arrivèrent en Chine, sous pavillon allemand, en 1900, des marchandises étrangères pour 21.6 millions de haikouan taëls, contre 129 millions sous pavillon britannique, au lieu de 30.5 et 157.6 millions respectivement en 1899.

De ces chiffres, on peut conclure que la majeure partie, sinon la totalité des produits exportés d'Allemagne à destination de Chine sont transportés sous pavillon national. (Cf. Annexe III.)

2° Japon (Commerce spécial)

Importations en Allemagne

	1900	1901
	Millions de marcs	Millions de marcs
Cuivre brut	3.6	4.4
Tissus rubans en soie de ver du mûrier	1.8	2.9
Camphre	1.7	2.2
Or monnayé	1.7	3.3
Colle de poisson	1.1	1.4
Noix de galle	0.6	0.2
Tissus, fichus, châles de soie	0.5	0.3
— — — de demi-soie	0.0	0.2
Soie brute non teinte	0.0	0.2
Tresses de paille et autres articles d'écorce et de paille	0.5	0.3
Peaux d'animaux à fourrure	0.4	0.3
Riz non décortiqué	0.4	0.8
Minerai de manganèse	0.2	0.1
— de cuivre		0 1
Nacre brute	0.2	0.1
Articles en bois, fins : bois de bronze	0.2	0.2
Cire végétale	0.2	0.1
Plumes pour literie brutes	0.2	
Peaux vertes et salées	0.2	0.3
Tubes en bambou, poivrier, etc.	0.2	0.1
Végétaux vivants	0.1	0.2
Articles en ambre succin, ivoire	0.1	
Iode	0.1	
Articles en matières à découper (*Schnitzstoffen*) animales ou végétales, non antérieurement dénommées	0.1	
Produits bruts pour la fabrication des brosses	0.1	
Menthol, huile de menthe poivrée (*Pfefferminzol-Pippermint*)	0.1	0.2
Thérébenthine et autres huiles de bois		0.3
Totaux	14.4	17.6

88 °/₀ sur les 16 millions 400.000 marcs de l'ensemble de l'importation en 1900 ; 89 °/₀, sur 19.8 millions de marcs, en 1901.

Exportations d'Allemagne

	1900	1901
Navires de mer en fer ou acier	14.2	
Draps et étoffes de laine non imprimés	8.7	3.3
Tissus de coton épais teints imprimés	3.7	0.4
Filés de laine, excepté les filés forts (*harte*) de laine peignée, tordus trois fois ou plus	3.5	
Sucre	3.6	11.4
— en pains	11.1 (en 1901)	
— brut	0.1	—
— autre	0.2	—
A reporter	33.7	15.1

	1900	1901
Report.........	33.7	15.1
Teintures d'aniline et autres tirées du goudron........	2.6	1.9
Fers bruts non finis.................................	2.2	
Laine peignée.......................................	2	0.8
Machines et parties de machines autres que les locomotives, locomobiles. machines à coudre, chaudières..		2.3
Déchets de métaux...................................	2	
Articles en fer bruts, non autrement nommés.........		2.2
Papier coloré, doré ou argenté...........	1.5	0.6
Marchandises fines en fer malléable....~.............	1.5	0.2
Fer malléable en barres............................	1.4	2.6
Plaques de fer malléable, brut, et fer-blanc.........		0.4
Tubes de canons...................................	1.1	
Pointes de fil d'archal (Drahtstifte) et en fer........	1	1.2
Munitions, balles nickelées ou enveloppées de plomb .	0.9	0.5
Tissus, fichus, châles demi-soie.......................	0.8	0.5
Fil de fer brut. garni de cuivre, de zinc, poli.........	0.8	1.1
Papier à envelopper uni, glacé......................	0.8	0.2
Câbles télégraphiques...............................		0.7
Zinc brut..	0.7	0.3
Explosifs..		0.6
Papier à imprimer..................................	0.6	0.2
Articles en caoutchouc grossiers....................	0.6	
Papier buvard, papier de soie.......................	0.5	0.3
Cornes en plaques.................................	0.5	
Alcaloïdes et leurs sels............................	0.5	0.5
Rails...	0.5	0.2
Produits pharmaceutiques...........................	0.4	
Zinc étiré et préparé..............................	0.4	0.5
Bonneterie de laine non imprimée...................	0.4	0.2
Crayons à la mine de plomb. de couleurs, pastels.....	0.4	0.2
Instruments astronomiques, optiques		0.4
Articles en celluloïd poli, en plaques, non poli........	0.3	0.2
Articles fins en étain..............................	0.3	0.6
Livres, cartes, musique............................	0.3	0.3
Horlogerie	0.3	0.2
Houblon...		0.2
Malt (Malz).......................................		0.2
Velours de coton découpé..........................		0.2
Glycérine purifiée.................................		0.4
Produits chimiques pour la pharmacie...............		0.2
Quinine, sels de quinine...........................		0.2
Papier photographique.............................		0.2
	....	....
ENSEMBLE.................	59.3	39.6

soit, 84 % du total (70.4 millions de marcs) de la valeur de l'exportation dans
le commerce spécial entre l'Allemagne et le Japon. en 1900 ; 87 %, sur 45.5
millions de marcs, en 1901. La différence entre les totaux afférents aux années
1900 et 1901 tient en partie à l'absence, en 1901, de navires à vapeur en
fer ou en acier, dont la valeur, en plus en 1900, avait été de 14.2 millions
de marcs.

Des diminutions se sont produites sur d'autres articles encore, notamment sur les suivants :

	(En moins) Millions de marcs
Instruments, machines, voitures............	13.6
Laine et lainages........................	9.1
Coton et cotonnades.....................	3.5
Papier et articles en papier	2.4
Articles pharmaceutiques et pour la teinture...	1.4

Par contre, on relève des augmentations sur différents produits, et notamment sur :

	(En plus sur 1900) Millions de marcs
Le sucre en pains........................	7.9
Le fer malléable en verges, les cercles de roues, les fers de charrues....................	1.1

Ensemble de l'exportation allemande à destination du Japon

	Millions de marcs		Millions de marcs
1891.........	14.3	1895.........	26.1
1892.........	17.1	1897	39.2
1893.........	18.6	1899.........	40.9
1900....................			70.4
1901....................			45.5

Observations. — L'exportation des métaux précieux ne se produisit qu'en 1894, 1896, 1897 ; elle est restée inférieure à 50.000 marcs.

La participation de l'Allemagne au commerce extérieur japonais pendant l'année 1900 s'établit comme il suit : furent importées d'Allemagne au Japon principalement de la laine et des lainages pour 4 ?, du sucre pour 3.4, du fer et des articles en fer pour 2.5, des machines et des parties de machines pour 1.5, du papier pour 1.5 millions de yens ; inversement, du Japon on a importé en Allemagne surtout du cuivre brut et pur pour 1.4, de la colle de poisson pour 0.5 et des soieries pour 0.4 millions de yens. La statistique d'importation allemande indique le triple de cette valeur pour l'importation de la soie et des soieries en provenance du Japon.

D'après la statistique commerciale japonaise en 1900, il a été exporté vers l'Allemagne pour 555.614 yens de marchandises et importé d'Allemagne pour 17.183.953 yens. L'exportation, d'après ces données, est beaucoup trop peu élevée relativement à la statistique d'importation allemande et, de même, l'importation n'approche pas des résultats constatés, du côté allemand, pour l'exportation.

Le Japon a pour principal port d'exportation Yokohama ; pour principal port d'importation Kobé. Le premier prédomine toutefois dans l'ensemble du commerce extérieur. Viennent ensuite Kobé, Osaka, Nagasaki et Moji.

En 1901, d'après la statistique commerciale japonaise, des marchandises, pour 5.251.070 yens, dont 54.791 représentant des produits d'origine étrangère, furent exportées sur l'Allemagne (1), et, pour 28.320.101 yens, importées d'Allemagne (2).

De même qu'en 1900, l'exportation est donc indiquée à un taux trop bas, relativement à la statistique *d'importation* allemande (19.8 millions de marcs ou 9.9 millions de yens environ); d'autre part, l'importation est estimée à une valeur supérieure à celle des résultats communiqués, pour *l'exportation*, du côté allemand (5.5 millions de marcs ou 22.75 millions de yens environ). Ce manque de concordance s'explique, entre autres raisons, par le grand éloignement des deux pays, d'où résultent des variations dans l'attribution de la destination des marchandises, et aussi de grandes différences de valeur, en raison du fret, etc.

3° Corée

Le commerce de l'Allemagne avec la Corée est d'importance tout à fait restreinte. L'importation totale, au commerce spécial, en 1900, comprend 9.000 marcs, dont 8.000 marcs en plumes de héron et 1.000 marcs en minerai de plomb. En 1901, la valeur correspondante s'est élevée à 49.000 marcs, se composant presque exclusivement d'or brut (47.000 marcs) et d'or monnayé (2.000 marcs); il y a eu, en outre, des envois de noix de galle et de phosphate pour moins de 500 marcs. L'exportation d'Allemagne consiste principalement en :

	1900	1901
	Marcs	Marcs
Aiguilles à coudre et machines à coudre......	30 000	33 000
Explosifs	22 000	37 000
Quinine et sels de quinine......	18 000	34 000
Couleurs d'aniline........................		9 000
Chaudières tubulaires à vapeur.............		9 000
Pièces pour voitures de chemins de fer, sans cuir, chacune au-dessous de la valeur de 1.000 marcs........................	17 000	
Bleu de Prusse...........................		6 000
Bonneterie de laine non imprimée..........		6 000
TOTAUX...............	136 000	192 000

Par comparaison avec 1899, l'importation, en Allemagne, a augmenté de 6.000 marcs en 1900, de 46.000 marcs en 1901; l'exportation d'Allemagne de 100.000 marcs en 1900, de 156.000 marcs en 1901. Le rapport ne relève pas de commerce en métaux précieux.

---

(1) Exportation totale du Japon (sans Formose), en 1901 : 252.3 millions de yens.

(2) Importation totale au Japon (sans Formose), en 1901 : 255.8 millions de yens.

4° Indo-Chine française

	Importation	Exportation
	Millions de marcs	
1901..........	5.384..............	0.288
1900..........	3.362..............	0.341
1899..........	0.688..............	0.210
Différence en 1901 sur 1900......	+ 2.022........	— 0.058

Principaux articles de l'importation en Allemagne

	Marcs
En 1900 :	
Epices, condiments, produits alimentaires...	3 309 000
En 1901 :	
Riz, décortiqué et non décortiqué, déchets...............	5 033 000
Caoutchouc et gutta-percha............................	0 073 000
Gingembre..	0 010 000

Exportations d'Allemagne ; 1° en 1900 :

	Mille Marcs
Instruments, machines, voitures..............	146
Fer (Articles en)...........................	90

2° En 1901 :

	Mille Marcs
Articles en fer fins et grossiers.............	47
— en faïence multicolores, peints, dorés..	42
Machines et parties de machines, excepté les locomotives...........................	41
Cigares	17
Articles en métaux précieux.................	13
Fer malléable en verges....................	11
Tissus de laine non imprimés	11
Couleurs d'aniline, etc....................	10
Articles fins en cuivre....................	10

5° Siam

Le trafic commercial direct entre le territoire douanier allemand et le Siam est peu important : il est limité, pour les provenances de Siam, principalement au riz non décortiqué ; d'autre part, au nombre des produits exportés sur le Siam figurent, d'une façon prépondérante, ceux de l'industrie du fer (parmi lesquels, principalement, les machines, locomotives, locomobiles et autres objets pour la construction et l'exploitation des chemins de fer), le cuivre et les articles en cuivre, ainsi que les produits de l'industrie textile.

	1900	1901
	Mille Marcs	Mille Marcs
Valeur de l'importation du riz non décortiqué.	1 988	6 347(*)

soit 95.4 °/₀ de la valeur d'ensemble (2.081.000 marcs) en 1900.

(*) Sur une valeur totale de 6.652.000 marcs, à l'importation.

Principaux articles exportés sur le Siam

	1900	1901
	Mille Marcs	Mille Marcs
Monnaies divisionnaires, rognures et déchets de cuivre	466	
Appareils de levage	305	30
Rails	170	433
Bonneterie de coton	157	107
Locomotives, locomobiles	100	199
Articles en fer, grossiers, émaillés	97	53
Ponts en fer et parties de ponts		210
Cotonnades épaisses, teintes	83	166
Articles en cuivre fin	75	
Bière en bouteilles	64	249
Articles en fer malléable, fins	59	266
Voitures de chemins de fer, non garnies de cuir, non matelassées (depuis 1.000 marcs et plus, l'une)		143
Porcelaine, excepté les services de table et la porcelaine de luxe	48	
Livres, cartes et musique	46	
Articles en laiton, cuivre, nickel, fins	42	37
Savons durs non en pains, non parfumés	37	
Horlogerie et montres	35	32
Ciment romain	32	34
Articles en fer grossiers, non finis, vernis ou zingués	31	54
Parfumeries liquides à l'alcool ou à l'éther	31	
Articles en fer grossiers, finis, vernis, zingués	30	
Voitures pour chemins de fer, garnies de cuir ou matelassées	31	
Condiments	30	
Bonneterie de laine non imprimée	30	
Verrerie et articles en émail		30
Ensemble	1 938	2 164

ou 74 % du total (2.626.000 marcs) de l'exportation vers le Siam (76.7 % sur 2.823.000 marcs en 1901).

6° Établissements des Détroits
(Malacca britannique, Bornéo britannique, Labuan, Sarawak)

Importations en Allemagne

	1900	1901
	Milliers de Marcs	Milliers de Marcs
Articles pour droguistes, pharmaciens, couleurs	431	
Céréales et autres produits agricoles	198	

	1900	1901
Bois et autres matériaux à découper et produits fabriqués....................	4 967	

	1900	1901
dont tubes de bambou (bâtons) pour chaises.	4.707	5.263
Caoutchouc et gutta-percha............	4 982	2 506
Epices et condiments	1 636	2 018

	1900	1901
	Milliers de Marcs	Milliers de Marcs
Cachou.......	333	539
Sagou........	276	329
Poivre noir...	448	514
Poivre blanc..	668	636
Huiles non autrement dénommées et graines....................	134	157
Goudron, asphalte, poix, résine	392	392
Etain (Articles en)..................		249
TOTAL.........	13 261	11 326

Exportations d'Allemagne

	Milliers de Marcs	Milliers de Marcs
Coton, cotonnades..................	1 810	1 247
Drogues, produits pharmaceutiques, couleurs................	180	247
Fer (Articles en)..................	2 515	1 780
Fils de fer...... 389		
Fer malléable... 980		
Verres, verreries..................	467	318

	1900	1901
Verre creux (*Hohlglas*) blanc.............	214	135
Verres à vitres et de table		

	1900	1901
Articles en bois et matériaux à scier.....	127	82
Instruments, machines, voitures........	238	124
Articles en caoutchouc et gutta-percha...	639	405
Habits, linges de corps, ornements (pour vêtements)................	1 371	2 887
Bonneterie...... 967		
Tissus imprimés. 471		
Cuivre..................	499	246
Quincaillerie................	627	395
Cuir.......................	180	154
Objets d'art, concernant la littérature....	139	250
Accordéons... 112		
A reporter........	8 792	8 135

	1900	1901
Report.........	8 792	8 135
Condiments, épiceries, produits alimentaires...................	1 080	1 053
Papier.............................	94	87
Soie...............................	307	281
Savon, parfumerie..................	424	295
Faïences et porcelaines.............	366	601
Laines et lainages.................	777	598
TOTAL...........	12 015	11 264

7° Indes Néerlandaises

Importations en Allemagne
(PRINCIPAUX ARTICLES)

	1900 Millions de Marcs	1901 Millions de Marcs
Feuilles de tabac non travaillées.........	42.8	38.3
Café brut............................	15.3	15.4
Etain brut (de Banca).................	12.8	12.9
Minerais d'or et de platine............	3.1	
Coprah (1)..........................	2.0	2.1
Caoutchouc et gutta-percha...........	2.0	0.7
Peaux de bœuf séchées..............	0.7	
Résine non spécialement dénommée....	1.2	1.2
Quinquina...........................		0.8
Arack (2),cognac. rhum, eau-de-vie en fûts.	0.6	
Bois de chaises, non travaillé.........		0 5
Thé................................	0.5	0.5
Fleurs et noix de muscade............	0.5	0.7
Gousses de cacao brutes.............		0.5
Poivre..............................		0.4
ENSEMBLE.........	80.8	94.7

96.5 % de l'importation totale (83.7 millions de marcs); en 1901, 97.9 % sur 96.7 millions de marcs.

Exportations d'Allemagne

	1900	1901
Articles en fer, fins, grossiers..........	5.4	6.4
Machines, excepté les locomotives, machines à coudre et parties de machines.	4.2	2.0
A reporter.........	9.6	8.1

---

(1) (Angl. *copperah* ou *copra*). C'est l'amande de la noix de coco, débarrassée de sa coque, concassée et séchée au soleil. Ces amandes, écrasées ou séchées, servent à la fabrication de l'huile de coco. De 500 livres anglaises (environ 225 kilog.) de coprah, on peut obtenir 113 litres 7/11 d'huile, substance blanche, solide à la température ordinaire. Sous un effet de pression, elle se sépare en une portion liquide et une solide; cette dernière, appelée stéarine de cacao, est employée en grand dans la fabrication des bougies. L'huile de noix de coco est aussi employée à la fabrication d'un savon de marine, qui forme une mousse avec l'eau de mer. (D'après l'*Encyclop. brit.*)

(2) Liqueur spiritueuse obtenue par la distillation du riz, de la noix de coco ou d'autres fruits de palmiers (dattes, sagou, etc.).

	1900	1901
Report	9.6	8.1
Rails	2.5	2.6
Locomotives, locomobiles	1.4	0.9
Essieux et roues pour chemins de fer	0.8	0.6
Parfumeries liquides à l'alcool ou à l'éther	0.6	1
Ponts en fer ; pièces pour ponts	0.6	0.5
Porcelaine et articles en porcelaine colorée, dorée ; vaisselle de table		0.5
Ciment romain	0.5	0.5
Vêtements de coton, lin, laine		0.5
Savon en pains	0.4	0.4
Draps et tissus de laine non imprimés	0.4	0.4
Coussinets et traverses de chemins de fer, en fer		0.4
Fers d'angle, cornières	0.3	
Bière en bouteilles	0.3	
Articles en métaux non précieux, dorés ou argentés, bijouterie fine	0.3	0.3
Grès et faïences, excepté les poêles et parties de poêles colorés ou blancs	0.3	0.4
Articles fins en laiton ou autres alliages de cuivre	0.3	
Tissus, fichus, châles demi-soie		0.3
Cotonnades épaisses, teintes, imprimées	0.3	
Bonneterie de coton		0.3
Tuyaux de fer malléable roulés (*gewaltze*) et étirés, bruts	0.3	
Vêtements de coton, lin, laine	0.3	0.5
Ombrelles et parapluies		0.3
Ensemble	19.2	18.4

ou 70.3 % du total, sur 27.3 millions de marcs en 1900 ; 78.8 % sur 26 millions de marcs, en 1901.

Augmentations en 1900 sur 1899 :

	Millions de marcs
Importations en Allemagne	21.3
Exportations d'Allemagne	7.8

En 1901, la comparaison avec l'année antérieure fait ressortir les résultats suivants :

	Augmentation	Diminution
	Millions de marcs	
Importations		1.30 = 1.55 %
Exportations	1.3 = 4.8 %	

8° Philippines (îles Soulou et Guam)

Importations en Allemagne

	1900	1901
	Millions de marcs	Millions de marcs
Chanvre de Manille......................	1.877	2.711
Cigares...............................	0.136	0.144
Résine non spécialement dénommée.....	0.076	0.072
Feuilles de tabac non travaillées........	0.066	0.041
Ylang-Ylang (3 quintaux, en 1900)......	0.038	0.090
ENSEMBLE	2.193	3.058

soit 98.7 % de la valeur totale, 2.222.000 marcs en 1900; 99.7 % sur 3.066 millions de marcs en 1901.

Exportations d'Allemagne

	1900	1901
	Millions de marcs	Millions de marcs
Bonneterie de coton.............................	865	1.142
Articles en fer malléable, fins..................	399	533
— — grossiers................		455
Tissus, fichus, châles demi-soie..................	348	244
Coutellerie et ciseaux, excepté les instruments de chirurgie.....................................	229	210
Cotonnades épaisses teintes, imprimées............	202	148
Machines à coudre, sans pied....................	191	426
Images imprimées en couleur, gravures sur cuivre..	189	173
Draps et tissus de laine non imprimés............	142	130
Machines et parties de machines, excepté les locomotives, locomobiles et les machines à coudre......	134	74
Vêtements de coton, lin, laine	134	89
Articles de menuiserie grossiers..................	118	126
Assortiments pour jeux, de toute espèce..........	49	126
Passementerie et mercerie de coton..............	107	128
Articles en fer, émaillés, grossiers (grobe)	105	
Articles en fer grossiers, finis, vernis, zingués......	103	
Parfumeries, liquides à l'alcool ou à l'éther........		85
Filés de coton étiré, à 1 ou 2 fils, blanchis	94	
Rubans demi-soie sans fils de métal..............	26	69
Articles en métaux précieux	92	65
Lunettes, lorgnettes............................	86	63
Celluloïd poli (Articles en).....................	85	60
Papier de couleur, doré ou argenté................	80	86
Instruments de musique.........................	29	94
Articles fins en laiton et autres alliages de cuivre....	74	61
A reporter.........	3.885	4.587

	1900	1901
Report..........	3.885	4.587
Chapeaux d'hommes, de feutre (*Haar und Wollfilz*).	68	91
Bois (Articles en), bois de bronze (*Holz bronze*)	64	51
Fleurs et boutons artificiels accompagnés de feuilles.	63	
Papier à imprimer..........	60	55
— à écrire; papier préparé pour factures, étiquettes, etc..........		62
Bière en bouteilles..........	59	
Articles en étain, fins..........	58	
— en métaux précieux..........		65
Articles en fer, grossiers, non finis, vernis, zingués..	56	
Huiles d'éthers, non spécialement dénommées......		61
Objets en verre fondu, sans monture; articles en verre et en émail combinés avec d'autres matériaux.	55	79
Linge de corps en coton ou lin..........	18	61
Dentelles de coton..........	54	66
Articles en faïence, multicolores, peints, dorés	11	60
Aiguilles à coudre et pour machines à coudre......	52	
Houblon..........		52
Articles en papier, non spécialement dénommés.....	50	
Ensemble..........	4.416	5.225

ou 70.3 % de la valeur totale, 6.286.000 marcs en 1900; 74.2 % sur 7.044 millions de marcs en 1901.

Depuis 1892, les importations des Philippines en Allemagne ont plus que triplé de valeur; les exportations d'Allemagne vers le même archipel, plus que doublé (1).

BELGIQUE

RELATIONS AVEC L'EXTRÊME-ORIENT (COMMERCE SPÉCIAL)

1° Chine

Importations en Belgique

	1900	1901
	Mille francs	Mille francs
Matières animales brutes..........	675	386
— minérales..........	539	350
— textiles, autres que la laine..........	853	281
Cuivre et nickels bruts..........	522	1 074
Teintures et couleurs..........	674	558
Végétaux et substances végétales non spécialement dénommés..........	1 134	266
Total..........	5 457	4 840
— en 1899..........	3 409	

(1) Les renseignements qui précèdent (pages 24 à 29) sur le commerce allemand en Extrême-Orient sont extraits du document intitulé « *Auswärtiger Handes dle deutschen Zollgebiets* », fascicules XV et XVI, années 1900 et 1901.

	1900	1901
Exportations en Chine		
Fonte ouvrée	268	87
Vieux fer, mitraille de fer	3 094	4 235
Fer battu, étiré ou laminé	3 995	1 437
Voitures pour chemins de fer et tramways	2 091	
Verres de vitrage	1 201	1 587
Acier fondu et acier en barres, feuilles ou fils.	822	159
Teintures et couleurs	518	759
Armes (826.000 fr. en 1899)	493	1
Houille et briquettes de houille	468	
Papiers	450	256
Sucres raffinés	410	1 258
Tissus de coton	368	224
TOTAL	17 230	17 147
— en 1899	16 950	

2° Japon

Importations en Belgique

	1900	1901
Graisses	1 001	659
Cuivre et nickel bruts	652	1 415
Coton	355	7
Cire brute	325	148
Tourteaux	234	127
TOTAL	3 491	5 426
— en 1899	2 605	

Exportations de Belgique

	1900	1901
Fonte ouvrée	1 657	769
Fer battu étiré ou laminé	3 286	2 407
Zinc non ouvré	833	478
Verre de vitrage	1 634	2 462
Papiers	1 013	282
TOTAL	11 197	9 648
— en 1899	13 715	

3° Indo-Chine Anglaise

Comprenant la Birmanie (Arakan, Pegou, Tenasserim,
les îles Mergui, Andamar et Nicobao) et les Établissements des Détroits,
avec Perak, Pahang et Johore.

Importations en Belgique

	1900	1901
Riz	1 147	2 086
Teintures et couleurs	356	286
TOTAL	1 881	2 930
— en 1899	882	

	1900	1901
Exportations de Belgique		
Fer battu, étiré ou laminé	185	175
Zinc non ouvré	88	58
Verreries; verres de vitrage 43	88	229
— — autres 88	282	380
Mercerie et quincaillerie	109	160
Tissus de coton	107	248
Bougies	99	117
Poteries, faïences et porcelaines	88	244
TOTAL	1 681	2 328
— en 1899	806	

4° Siam et Indo-Chine française

1901

	Importations en Belgique	Exportations de Belgique
	Francs	Francs
Siam	1 115	111 501
Indo-Chine Française.	645 614	2 328 285

Voici les proportions pour cent que représente, dans le commerce *spécial* de la Belgique, le mouvement d'affaires avec chacun des pays précités :

1901

	Importations	Exportations
Chine	0.2	0.9
Indo-Chine Anglaise	0.1	0.1
— Française	Mémoire	Mémoire
Japon	0.3	0.5
Philippines	Mémoire	Mémoire
Siam	id.	id.

SUISSE

(Année 1900)

1° Relations avec le Japon

Importations en Suisse

		Francs
Soie		9 627 738
dont : déchets	1 303 380	
— soie grège	7 522 560	
Tresses de paille		89 775
TOTAL		9 928 940

Exportations de Suisse

		Francs
Horloges et montres...............................		4 357 382
Montres en argent............	1 895 753	
Mouvements finis	788 818	
Tissus de coton..................................		539 985
— de soie...................................		134 326
— d'autres matières textiles................		3 680 958
dont tissus de laine peignée.		
écrus...................	2 640 993	
TOTAL...............		10 591 919

Chine avec l'Inde française et le reste de l'Asie orientale

Importations en Suisse

Soie......................................		6 659 670
dont soie grège	5 752 980	
Comestibles, boissons, tabacs.................		1 157 870
dont thé..................	1 032 150	
Produits chimiques.............................		467 355
dont baies, écorces et racines		
tinctoriales brutes.........	424 995	
Matières textiles autres que la soie...............		368 832
Tresses de paille.............	201 775	
Autres articles		308 804
Cuirs bruts	120 750	
TOTAL		8 982 559

Exportations de Suisse

Coton.......................................		3 139 893
Tissus de fils teints, lourds...	1 457 246	
Broderie au plumetis, garn-		
itures	548 447	
Horloges et montres............................		1 817 735
Montres nickel.............	505 587	
— argent.............	926 388	
— or	285 940	
Comestibles, boissons, tabacs.................		441 325
dont, lait condensé..........	342 452	
Soie (tissus et rubans).......................		332 543
Autres matières textiles......................		284 956
Produits chimiques...........................		91 514
Autres articles..............................		123 186
TOTAL...............		6 384 383

Indes Néerlandaises

Importations en Suisse

	Francs
Café brut...........................	2 912 700
Tabac..............................	1 564 800
Etain en barres.....................	1 573 520
TOTAL...........	6 713 844

Exportations de Suisse

Matières textiles......................		2 306 660
dont tissus de coton imprimés, lourds....	978 397	
Lait condensé........................		553 549
Autres articles......................		170 718
dont montres..............	85 103	
TOTAL.............		3 046 085

AUTRICHE-HONGRIE

(Année 1901)

1° Relations avec le Japon

Importations en Autriche

		Milliers de couronnes (*)
Métaux non précieux et articles en —		4 069
dont cuivre brut, vieux, déchets.	4 063	
Tubes (de bambou) pour sièges...............		487
Déchets de soie, cocons.....................		435
Soieries, brodées ou mêlées de fils métalliques..		408
Tresses de paille.		412
Riz brut pour la mouture....................		355
TOTAL.....		6 327

Exportations d'Autriche

Sucre de consommation......................	4 218
Papier et articles en papier....................	540
Zinc en barres, plaques, tôles...................	202
Etain....	173
TOTAL.............	6 358

(*) 1 couronne = 1 fr. 05 environ.

2° Chine

Importations en Autriche

Thé..	4 277
Œufs de volaille..............................	587
Autres articles...............................	4
Total...............	5 868

Exportations d'Autriche

Sucre...	595
Fer et articles en fer........................	128
Métaux non précieux et articles en............	292
Maroquinerie..................................	365
Papier et articles en papier..................	208
Autres articles...............................	484
Total...............	2 072

3° Indes Néerlandaises

Importations en Autriche

Tabac brut....................................	18 489
Café grillé...................................	1 697
Peaux de bœuf brutes et séchées...............	534
Teintures et tannins..........................	210
Caoutchouc et gutta-percha....................	178
Gommes et résines brutes de copal, de damar (1).	64
Céréales et fruits à gousses, riz décortiqué....	43
Autres articles...............................	223
Total...............	21 426

Exportations d'Autriche

Cotonnades blanchies..........................	70
— teintes, imprimées.......................	58
Lainages......................................	38
Farine de céréales............................	22
Métaux non précieux et articles en métaux non précieux.......................................	22
Autres articles...............................	122
Total...............	332

---

(1) Substances qui contiennent des vernis transparents de qualité supérieure.

ITALIE

1° Relations avec le Japon

Importations en Italie

	1900	1901
	Mille lire	Mille lire
Soie étirée, grège, simple	8 243	6 591
Déchets	316	459
Pyrites de cuivre		42 (*)
Cuivre, laiton et bronze (Objets en)	44	11
Tresses de paille	48	34
Corail brut		1 921
Autres articles	2 585	2 596
Total	11 787	11 730

Exportations d'Italie

	1900	1901
Vins en fûts	788	16
Vermouth en bouteilles	61	55
Marsala	9	6
Vins en bouteilles	9	3
Huile d'olives	7	
Confitures et conserves au sucre et au miel	9	
Allumettes de cire	9	
Corail brut	527	183
— travaillé, non monté	223	202
Coton	90	
Tissus lisses imprimés (13 kilog. et plus par 100 m. q.; 27 fils au moins)		
Tissus lisses colorés ou teints (27 fils ou moins)	24	
Tissus lisses, colorés ou teints (27 à 38 fils)	28	3
Tissus lisses, ouvrés et damassés (27 fils et moins; 27 à 38 fils)	12	
Tissus de laine légers, lourds	9	
— — simples, en laine cardée		3
Objets cousus en laine	18	
Passementeries de laine	38	
Soie	25	
Mercerie commune (laine)	23	
Fruits, légumes	19	
Médicaments et produits chimiques	8	1
Autres articles	253	140
Total	2 189	614

(*) 338 tonneaux.

2° Chine

Importations en Italie

	1900	1901
Soie étirée, grège, simple	43 272	63 616
— doublée ou tordue	542	272
Cocons (*bozzoli*)	1 823	152
Déchets (*cascami*)	315	3 587
Peaux brutes (bœuf, veau, chèvre, mouton)		2 822
Graines oléagineuses, sésame et arachide		997
Corail brut (néant en 1899 et en 1900)		612
Autres articles	3 706	1 672
Total	**49 661**	**73 630**

Exportations d'Italie

	1900	1901
Vermouth en bouteilles		57
— en dames-jeannes (*fiaschi*)		2
Vin en fûts	110	114
— en bouteilles		68
Soie. — Cocons de soie filés	150	
Soie européenne	875	
Tissus de soie et de filoselle, lisses et colorés	39	277
Tissus lisses (*neri*)		58
Coton. — Tissus lisses et colorés ou teints, 7 à 13 kilog. par m. q., 27 à 38 fils (chaîne et trame), par 5 $^n/^m$ q.)	422	623
Tissus lisses et colorés ou teints, 13 kilog. ou plus par m. q. (27 fils ou moins)	292	167
Filés simples, grèges	25	
Objets cousus	84	71
Laine. — Filés simples (laine, crin et poils)	36	
Couvertures de laine et de bourre de laine	76	4
Tissus simples de laine peignée : 200 gr. ou moins par m. q.		70
de 200 à 500 gr. par m. q.		1
plus de 500 gr. —		3
Tissus simples de laine cardée : 300 gr. ou moins par m. q.		20
de 300 à 500 gr. —		20
plus de 500 gr. —		48
Chapeaux de paille	11	4
— autres		58
Boutons d'os	44	
— de corne	34	
— d'autres matières, finis	5	
A reporter	**2 203**	**1 664**

	1900	1901
Report.........	2 203	1 664
Pâtes de froment (*macaroni*)...........	42	15
Fromage..................	31	55
Huile d'olive fixe..................		
Bougies.................		3
Marbre et albâtre travaillés............	30	34
Corail brut..................	585	424
— travaillé, non monté............	311	66
Cartes, livres et cartons, finis..........	24	31
Autres articles..................	1 118	1 226
Total............	4 344	3 518

3° Possessions anglaises en Asie

	1900	1901
Importations..................	456	1.680
Exportations..................	132	255

4° Hollandaises

	1900	1901
Importations..................	181	137
Exportations..................	332	255

5° Iles Philippines

	1900	1901
Importations..................	35	107
Exportations..................	7	21

ESPAGNE ET EXTRÈME-ORIENT (1900)

	Importation	Exportation
	Pesetas	Pesetas
Chine..................	2 962 084	36 730
Japon..................	429 133	60 769
Siam..................		24 116
Philippines............	15 962 084	22 398 375
Total.......	19 231 863	22 519 990

HOLLANDE

1° Commerce avec la Chine

(Principaux articles)	Florins
	1 florin = env. 2 fr. 05.

Importations en Hollande

Thé	9 450

Exportations de Hollande

Etoffes manufacturées de *coton* :	
Brut ou blanchi...........................	669 413
Ouvré ou imprimé......................	806 928
Bougies de cire ou en stéarine...................	216 468
Bois et objets en bois............................	147 000
Produits culinaires, sucreries et pâtisseries (conserves de viandes, poisson, gibier, fruits, etc.).	169 454
Houille..	105 500
Filés et déchets de coton.........................	72 756
Margarine, comestible et autres succédanés du beurre..	72 147
Fer; tuyaux à gaz.................................	8 350
— (Ouvrages en)............................	6 058
— Outils (*raad*)............................	42 400
Genièvres et eaux-de-vie distillées..............	22 740
TOTAL..................	2 460 943

2° Commerce avec le Japon

Importations en Hollande

Grains, riz décortiqué............................	270 000
Cordages	23 308
Drogueries et noix de cocos......................	5 095
Divers..	22 353
TOTAL..................	320 756

Exportations de Hollande

Drogueries ; quinquina...........................	132 560
Fer ; tuyaux à gaz................................	62 521
— (ouvrages en)............................	5 284
Etoffes manufacturées en *coton* :	
Brut ou blanchi...........................	60 461
Ouvré ou imprimé......................	6 369
Indigo	48 660
Bougies	43 780
TOTAL..................	455 927

3° Commerce avec Java

Importations en Hollande	Florins
Quinquina	190 287 080
Riz	10 617 067
Café	17 367 348
Etain	18 082 391
Graines ; coprah	8 526 068
Choux-raves et graines de	234 037
TOTAL	272 520 834

Exportations de Hollande

TOTAL	63 784 314

COMMERCE DU DANEMARK

AVEC LES INDES ORIENTALES, LA CHINE ET L'OCÉAN PACIFIQUE

(Milliers de couronnes : 1 couronne = 1 fr. 35)

	Importations en Danemark		Exportations du Danemark	
	Total absolu	Pour cent	Total absolu	Pour cent
1899	5.347	1.1	0.454	0.4
1900	4.989	0.9	0.856	0.2

Détail des exportations en 1900 :

	Quantités	Valeur Milliers de couronnes
Beurre	131 056 livres (1/2 kilog.)	0.155
Huile	288 832 pots	0.075
Allumettes	791 332 livres	0.184
Papier	342 000 —	0.079
Fer en barres	22 360 tonneaux	0.157
Ciment	484 200 livres	0.046
Autres marchandises.		0.166
TOTAL		0.856

ÉCHANGES EXTÉRIEURS DE LA NORVÈGE

AVEC LES INDES ORIENTALES, LA CHINE ET LE RESTE DE L'ASIE

	Moyenne 1896-1900	1899	1900	Pourcentage Moyenne 1896-1900	1899	1900
	Couronnes (1 couronne = 1 fr. 35)					
Importation	23 300	5 000	58 000	0.01	0.00	0.02
Exportation	211 600			0.14		

Indications extraites de la Statistique du Commerce de la Norvège pendant l'année 1900, pages 18*-19*. (*Norges officielle Statistik. Fjerde Række, Nr. 11.*)

COMMERCE DU PORTUGAL AVEC LA CHINE

(Année 1897)

	Importations en Portugal	Exportations de Portugal
	Valeurs en milreis (1)	
Matières premières...............	36 500	
Fils, tissus, feutres et ouvrages en —	1 600	100
Substances alimentaires...........	218 300	300
Divers......................	2 600	
Totaux...........	259 000	400
Années 1896....................	271 000	900
— 1895....................	248 800	600
— 1894....................	260 500	
— 1893....................	288 200	200

Indications extraites du document intitulé : *Commercio e navegaçáo*, publié par le *Ministerio dos negocios de Fazenda*.

EXPORTATIONS DE FRANCE VERS L'EXTRÊME-ORIENT

	Commerce spécial (Milliers de francs)	
	1891	1901
Indo-Chine française...............	13 477	74 690 *
Chine........................	2 530	8 761
Japon........................	12 373	4 890 **
Siam........................	10	158
Indes hollandaises................	2 184	1 794
Philippines...................	1 345	220
Totaux........	31 919	90 513

Pour ne pas augmenter outre mesure la série de ces pages de statistique, les listes énumérant le détail des articles expédiés de France n'ont pas été reproduites ici. On ne peut que prier le lecteur de vouloir bien se reporter au *Tableau général du Commerce et de la Navigation* : pages 46, 48 à 50, et 77, pour l'année 1891; 56 à 60 et 95, pour l'année 1901. En 1891, les produits exportés de France en Indo-Chine étaient classés sous 23 rubriques différentes; en 1901, le nombre des séries, pour le même mouvement commercial, est de 54.

* Le double tarif des douanes que la loi du 11 janvier a fait entrer en vigueur, en France, le 1er février 1892, a été appliqué dans l'Indo-Chine, à partir de novembre de la même année.

** Les exportations de France vers le Japon s'étaient élevées à 17 millions 197.000 francs en 1900.

(1) 1 milreis = environ 4 fr. 43 c.

ANNEXE II

Statistique des Étrangers résidant en Chine

1° *Européens*	Nombre de MAISONS DE COMMERCE			Nombre de RÉSIDENTS		
	1899	1900	1901	1899	1900	1901
Britanniques	401	424	427	5 562	5 471	5 410
Allemands	115	120	122	1 134	1 343	1 531
Français	76	82	64	1 183	1 054	1 361
Hollandais	9	9	9	106	108	119
Danois	4	3	4	178	156	179
Norvégiens	2	4	1	244	204	88
Suédois			1			113
Russes	19	21	19	1 621	1 941	1 648
Autrichiens	5	7	11	90	91	142
Belges	9	10	9	234	100	238
Italiens	9	9	15	124	133	273
Portugais	10	16	14	1 423	1 175	1 139
Espagnols	9	8	15	448	221	353
Autres nationalités						
Américains	70	81	99	2 335	1 908	2 292
Japonais	195	212	289	2 440	2 900	4 170
Coréens				42	42	18
Divers			3	29		45
Totaux	933	1 006	1 102	16 881	17 173	19 119

Il résulte des données qui précèdent que le nombre des Anglais et des Américains, soit ensemble 7.702 personnes, représentait, en 1901, 40.2 °/₀ du total des étrangers résidant en Chine.

Le Résumé des Rapports sur la *fortune française à l'étranger* (extrait du *Journal Officiel* du 25 septembre 1902) contient (pp. 31–35) quelques indications brèves, mais assez complètes sur les intérêts français en Chine, ainsi que dans les possessions anglaises d'Asie, au Siam et au Japon.

ANNEXE III

Valeur des Cargaisons
à l'entrée ou à la sortie des ports chinois

A. — Importations étrangères en Chine.

Pavillons	1897 Hk. tls	1899 Hk. tls	1901 Hk. tls
Britannique.....	130 644 338	157 585 497	154 215 455
Allemand........	26 110 449	30 501 135	31 608 478
Français........	5 371 413	8 696 137	8 099 310
Norvégien......	5 230 440	4 243 555	2 664 581
Russe..........	49 659	149 196	162 540
Japonais	11 074 081	24 940 972	35 115 178
Chinois	27 819 283	42 840 534	34 561 597
Autrichien......	1 921 669	1 824 141	4 221 951
Hollandais......	225 727	206 497	1 313 250
Danois.........	850 622	92 303	225 272
TOTAL....	212 234 994	273 756 065	277 139 735

La valeur totale des importations sous pavillons des pays du continent d'Europe (sauf la Russie) s'est élevée à :

> 42.647.633 Hk. tls (*) = 161.649.194 Francs en 1897
> 48.239.866   —   = 182.329.094   —   — 1899
> 53.074.965   —   = 197.898.919   —   — 1901

Ces sommes dépassent assez sensiblement celles qui sont indiquées par les statistiques européennes pour la valeur des marchandises à la sortie des ports du continent, même en y comprenant les chiffres du commerce *général*.

Le tableau ci-dessous permet de comparer, en ce qui concerne notre pays, les résultats consignés soit dans l'une soit dans l'autre des deux séries de documents :

Exportations de France en Chine, d'après le *Tableau général, ett.* Commerce général		Importations sous pavillon français en Chine, d'après les *Trades reports and returns.*
Années	Mille francs	Mille francs
1899	26 071	32 948
1901	14 781	31 210

(*) Cours moyen du taël haikouan : en 1897 : 3 fr. 72; en 1899 : 3 fr. 79; en 1901 : 3 fr. 73, actuellement (décembre 1902), 2 fr. 70 à 2 fr. 85.

La différence en plus, à l'arrivée dans les ports chinois, s'explique d'ailleurs par diverses raisons : plus-value des marchandises acquise par le fait du transport, chargements complémentaires pris par les navires dans les escales, etc.

B — Exportations de produits indigènes

Pavillons	1897 Hk. tls	1899 Hk. tls	1901 Hk. tls
Britannique.....	48 899 837	59 368 088	46 824 082
Allemand	8 884 949	8 587 995	10 324 474
Français........	9 682 940	13 541 321	10 382 013
Norvégien	2 055 212	664 555	464 242
Russe.........	2 253 091	4 390 605	2 497 474
Japonais........	4 881 884	11 740 809	12 826 674
Chinois.........	32 220 037	37 597 409	34 374 101
Autrichien......	331 690	123 005	243 352
Hollandais......	114 323		164 329
Danois	578 886	1.154	72 377
Total....	111 091 455	137 594 199	120 037 694

Pendant les dernières années, d'après les chiffres qui précèdent la valeur des cargaisons (composées en majeure partie de balles de soie) exportées sous pavillon français a dépassé celle des cargaisons embarquées sur les navires allemands; l'excédent, en faveur de notre marine marchande nationale, a été de :

$$797\ 991 \text{ Hk. tls} = 2\ 968\ 526 \text{ Francs en } 1897$$
$$4\ 953\ 326\ — = 18\ 773\ 103\ —\ — 1899$$
$$57\ 539\ — = 214\ 520\ —\ — 1901$$

Une communication du Consulat de France à Hong-Kong, parue dans le *Moniteur officiel du Commerce* du 11 décembre 1902, contient des informations précises sur la crise du cabotage dans les mers d'Extrême-Orient et sur les Compagnies de cabotage établies à Hong-Kong. En dix-huit mois (de 1900 au milieu de 1902), l'effectif des navires immatriculés dans ce port s'est augmenté de 35 unités, dont :

22 battant pavillon allemand, danois et norvégien.
12 — anglais.
1 — français.

En 1902, les cours des frets ont diminué d'environ un tiers sur les prix pratiqués l'année précédente.

ANNEXE IV

Régime conventionnel présentement en vigueur entre les principaux
Etats d'Europe et :

1° La Chine

<table>
<tr><td></td><td>Collections où le texte
est reproduit
—</td></tr>
</table>

GRANDE-BRETAGNE

26 juin 1858. — Traité de commerce et de navigation.

24 octobre 1860. — Convention complémentaire du traité précédent......................

13 septembre 1876. — Traité pour régler l'affaire du Yunnan. — Convention de Chefoo.

Martens, IIe série, t. III, p. 507; Archives diplomatiques. 1861, II, p. 284.

16 juillet 1894. — Traité de commerce et de navigation ....

15 septembre 1902. — Traité de commerce signé à Pékin. La disposition essentielle du nouvel acte est celle de l'article 8, qui stipule l'abolition des droits de *likin*, en remplacement d'une surtaxe de 7 1/2 0/0 qui sera prélevée sur les importations. (*Non encore ratifié.*)

Martens, IIe série, XX, p. 809.

FRANCE

27 juin 1858. — Traité d'amitié, de commerce et de navigation signé à Tientsin, suivi d'articles séparés ....

Martens, Ire série ; t. XVII, 2e partie, p. 2.

24 novembre. — Tarif et règlements commerciaux faisant suite au traité de commerce du 27 juin, arrêtés à Shanghaï...............................

Id. t. XVII, 1re partie, p. 21.

9 juin 1885. — Traité de paix, d'amitié et de commerce......................

Id. IIe série, XII, 654.

25 avril 1886. — Convention commerciale (ratifiée le 7 août 1896)......................

Id. XXII, 34

27 juin 1887. — Convention commerciale (ratifiée le 7 août 1896).

20 juin 1895. — Convention commerciale complémentaire de la convention additionnelle du 27 juin 1887 (ratifiée le 4 juin 1896)................

Id. XXIII, 96.

ALLEMAGNE

2 septembre 1861. — Brème-Hambourg-Lubeck. Meklembourg-Schwerin. Meklembourg-Strelitz. Zollverein allemand. — Traité d'amitié, de commerce et de navigation, signé à Tientsin, suivi de deux tarifs, de règlements commerciaux et d'articles séparés...............................

Martens, 2e série, XIX, p. 168.

31 mars 1880. — Convention additionnelle au traité de commerce de 1861......................

Id. VIII. p. 280.

Autriche-Hongrie

2 septembre 1862. — Traité de commerce et de
navigation.. Martens, II, p. 342.

Portugal

1862. — Traité d'amitié et de commerce signé à   Id. Ire série, XVII,
Tientsin.....................................   2e partie, p. 205.

2° **Le Japon**

	Annales du Commerce extérieur :		
	Livraison.	Fascicule.	Annéc.
14 juillet 1894. — Grande-Bretagne. — Traité de commerce (ratifictions échangées à Tokyo le 25 août 1894)........ *Treaty series*, N° 23, 1894 (*).			
1er décembre 1894. — Italie..........	137	8^e	1897
19 octobre 1895. — Danemark........	127	9^e	1896
4 avril 1896. — Allemagne...........	133	6^e	1897
22 juin 1896. — Belgique............	130	3^e	—
4 août 1896. — France (Durée : 12 ans à partir de la mise en vigueur). — Convention commerciale complémentaire du 25 décembre 1898...............	156	3^e	1899
10 novembre 1896. — Suisse..........	Martens, 2e série, t. XXVIII, p. 63.		
5 décembre 1897. — Autriche-Hongrie.			

Ces traités contiennent tous une disposition essentielle qui supprime les tribunaux consulaires au Japon et soumet les étrangers résidant dans ce pays à la juridiction territoriale. Ils sont entrés en vigueur le 17 juillet 1899; (ceux de la France et de l'Autriche-Hongrie n'ont, toutefois, été appliqués qu'à partir du 4 août de la même année). On conçoit aisément quelle est l'importance de cette date au point de vue international : elle marque le jour où le Japon a été pleinement reconnu comme État souverain et indépendant et admis au nombre des puissances entre lesquelles s'appliquent les principes du droit public moderne. Parmi les principaux organes de la presse française, deux surtout, le *Siècle* et les *Débats*, en annonçant la nouvelle, l'ont alors accompagnée de commentaires propres à en faire ressortir toute la signification.

Dans le second de ces deux journaux (n° du 19 juillet 1899), sous le titre caractéristique de « Une ère nouvelle au Japon », M. Raymond Kœchlin résumait, avec clarté, l'historique de la question, et montrait comment le changement avait été préparé. J'emprunterai à son intéressant article, les quelques passages suivants :

(*) *Parliamentary Paper*.

« Vers 1882 un projet de convention fut élaboré par le Cabinet japonais, aux termes duquel les Européens seraient dorénavant soumis à la juridiction japonaise...

« En 1890, l'empereur convoqua à Tokyo la première Diète japonaise... C'était à elle à adopter les nouveaux Codes indispensables pour rassurer les puissances. Or, quelque remarquable que fût l'œuvre de notre compatriote, M. Boissonnade, qui les avait rédigés, la Chambre s'obstinait à les renvoyer à correction au Cabinet...

« Il fallut modifier les projets primitifs, supprimer les experts assistants aux séances des tribunaux, et enlever aux étrangers le droit de posséder des biens-fonds ; la difficulté était grande, mais c'est à ce prix seulement que les Codes purent être votés.

« Les puissances qui avaient hésité à accepter les propositions du Japon se ravisèrent, et, comme certaines concessions économiques leur étaient faites en même temps, quelques-unes se décidèrent à entrer en pourparlers : l'Allemagne fut des premières à donner l'exemple. »

Quelle qu'ait été, au début des négociations, l'attitude de la diplomatie germanique, le traité entre la Grande-Bretagne et le Japon n'en a pas moins été signé dès 1894, c'est-à-dire deux ans avant celui par lequel le gouvernement de Berlin a pris un engagement analogue.

Une « lettre du Japon » sur la mise en vigueur des nouveaux traités a paru dans le numéro du *Temps* du 6 septembre 1899. Datée de Tokyo le 17 juillet, cette correspondance reproduit le texte d'un rescrit impérial exprimant « le désir formel du souverain de voir cesser dans l'avenir toute attitude hostile aux étrangers ». Ce document avait été publié quelques jours avant la date où devait commencer l'application du nouveau régime.

Dès 1890, le Mexique avait devancé la décision des puissances européennes et, par une convention signée à cette date, avait renoncé, pour ses nationaux, à l'exemption de la juridiction territoriale au Japon.

A son tour l'Espagne a conclu, le 28 mars 1900, une convention dans les mêmes conditions. (V. le texte dans les *Annales du Commerce extérieur*, livraison 176, fascicule 7e, année 1901.)

Si le droit de posséder, en pleine propriété, des biens immobiliers n'est pas actuellement reconnu aux étrangers au Japon, ces derniers peuvent, avec l'autorisation du gouvernement, obtenir, pour les maisons et domaines qu'ils occupent, des baux emphytéotiques de 999 ans. Il s'est produit des difficultés sur le point de savoir quels impôts sont régulièrement applicables aux propriétés ayant fait l'objet de ces contrats à long terme. En vertu d'un protocole signé à Tokio le 28 août dernier, la question a été soumise à un tribunal d'arbitrage constitué conformément aux dispositions de l'Acte final de la Conférence de La Haye, et composé de :

MM. Motono, ministre du Japon à Paris, arbitre pour le Japon; L. Renault, membre de l'Institut, arbitre pour la France, l'Angleterre et l'Allemagne; Gram, membre de la Cour d'arbitrage pour la Suède et la Norvège, tiers-arbitre.

Le moment où le régime actuel de la propriété foncière au Japon, en droit international privé, sera modifié n'est d'ailleurs peut-être plus très lointain maintenant. On sait que le baron Shibusava, président de la Chambre de commerce de Tokyo, a fait récemment un voyage en Europe. Suivant une information publiée, le 2 septembre dernier, par le journal la *Post*, de Berlin, ce haut personnage a « reconnu que le développement industriel du Japon exigeait que le « gouvernement du mikado accordât aux étrangers le droit d'acquérir « et de posséder des terrains au Japon. »

En outre, « il a déclaré que lui et ses amis avaient l'intention de faire des propositions pour la réforme du statut légal des étrangers, et de faire appuyer ces propositions à la Chambre japonaise ».

Dans un remarquable article des *Annales des Sciences politiques* (n° du 15 juillet dernier) sur les finances du Japon, M. Raphaël-Georges Lévy montre l'intérêt que le monde des affaires en Europe prend à la question. Le distingué professeur dit notamment : « Que les Japonais ouvrent largement aux étrangers l'accès de leurs marchés intérieurs; qu'ils les autorisent à posséder sous toutes les formes, meubles et immeubles, à s'intéresser dans les Sociétés par actions, à participer à leur gestion, et ils en retireront des avantages considérables ». En terminant, il demande au gouvernement de Tokyo de « suivre la politique de la porte ouverte », et indique à quelles conditions « les capitaux passeraient les mers pour s'employer dans l'Empire du Soleil-Levant ».

Rappelons, à cette occasion, que dès le 4 août 1899 un décret impérial a ouvert vingt-deux nouveaux ports à la navigation internationale, ceux, entre autres, de Moji, Shimonoseki, Misumi, Sasuna, Hamada, Tsuruga, Fushiki. En vertu d'une ordonnance complémentaire, du 28 décembre 1899, le port d'Itozaki (autrefois Matsuyama, dans la province de Bingo) et huit autres dans l'île de Formose ont été ajoutés à la liste.

ANNEXE V

Sur l'origine, dans les temps modernes, des relations économiques entre l'Europe et les pays de l'Extrême-Orient (en particulier la Chine), on pourra consulter, entre autres, les ouvrages suivants :

SAVARY. — *Dictionnaire du Commerce.* — Édition de 1759 (Copenhague) ; T. V, col. 1260 et suiv. (Chine), col. 1342-1355 (Japon).

Histoire philosophique et politique des établissements des Européens dans les deux Indes. — La Haye, 1774 ; T. I, pp. 221-226 (Japon) ; T. II, pp. 308-351 (Chine).

DE GUIGNES. — *Voyages à Péking, Manille et l'Ile de France* (1784-1801). — Paris, Imprimerie impériale, 1808 ; T. III, pp. 173-200 et suiv.

F. NOLTE. — *L'Europe militaire et diplomatique.* — Plon, 1884 ; T. III, Guerre de l'Angleterre contre la Chine, 1840-1842 ; Alliance anglo-française contre la Chine, 1857-1858-1860 (pp. 461-573) ; T. IV, Ouverture du Japon aux étrangers (pp. 3-33).

H. CORDIER. — *Histoire des relations de la Chine avec les puissances occidentales.* — Alcan, 1901-1902 ; not., T. I, ch. II ; T. II, ch. VI ; T. III, ch. XXIII.

D'après divers auteurs — notamment de Guignes — dans les temps modernes, les Occidentaux et les habitants de l'Empire du Milieu se rencontrèrent d'abord, pour échanger des marchandises, au port de Ning-Po, « où les Européens allaient commercer sous l'empereur Hiao-Tsong, dans les années appelées Hong-tchy (de 1488 à 1502) » (1).

En 1517, Thomas Pereira, ambassadeur du vice-roi de Goa, conclut à Canton le premier traité de commerce entre une puissance occidentale et la Chine.

L'Empereur Chi-Tsong, en 1563, cède aux Portugais, à perpétuité, l'île de Macao. La ville fondée à cet endroit, en 1585, fut surtout florissante tant que ses habitants purent faire du commerce avec le Japon, c'est-à-dire, en ce qui concerne l'époque dont il s'agit, jusqu'en 1638.

---

(1) De Guignes, *loc. cit.*, T. III, p. 176.

En 1634, un navire marchand anglais pénètre pour la première fois dans les eaux chinoises et remonte le Si-Kiang (alors le Tigre jusqu'à Canton. Des négociants ou sociétés commerciales appartenant à la même nation envoyèrent de nouveau des vaisseaux en 1660, puis en 1677 ; une factorerie, qui ne devait d'ailleurs subsister que quelques années, fut alors fondée à Emouy (Amoy). A partir du xviii⁰ siècle, le trafic entre la Grande-Bretagne et l'Empire du Milieu devint à peu près régulier : la Compagnie des Indes en eut le monopole, de 1702 à 1834.

Au cours de la même époque, et surtout depuis 1720, des Sociétés formées en France, en Hollande, à Brême, à Ostende, etc., envoyèrent aussi, d'une façon plus ou moins périodique, des vaisseaux à Canton, où le premier navire des États-Unis parut en 1784.

Le Consulat de France dans ce port, fondé en 1783, supprimé en 1787, fut définitivement rétabli en 1829.

En ce qui concerne le Japon, il convient de mentionner, outre les ouvrages indiqués déjà pour la Chine, les volumes suivants :

RODOLPHE LINDAU. — *Un voyage autour du Japon.* — Paris), Hachette, 1864, 315 pages in-18.

A. BOUSQUET. — *Le Japon de nos jours.* — Hachette, 1877.

En 1549, Saint-François-Xavier (1) fonde la première mission au Japon, découvert par le Portugais Fernand Mendez Pinto, en 1542. Le christianisme se répandit assez rapidement, dans les provinces de Satzuma, Arima, Omura et Bungo (île de Kiou-Siou), ainsi que dans des îles voisines de Firando (actuellement Hirado), Amakusa et Gotto. Au bout de quarante ans, on comptait, d'après certaines évaluations, 1.800.000 convertis. Or, au moment où commença l'œuvre des missionnaires, le Japon était en proie aux luttes intérieures à la suite desquelles le shôgun réussit à établir un gouvernement effectif, d'un caractère dit temporel, à Yeddo, laissant d'ailleurs une autorité nominale, d'un caractère dit spirituel, au mikado (ou daïri) (2), qui continua de résider avec sa cour à Meaco (Kioto). Cette double organisation se maintint, comme on sait, durant près de trois siècles.

---

(1) Parti de Goa, où il était arrivé en qualité de légat du Saint-Siège, en 1542, en même temps que le vice-roi, Dom Martin-Alphonse de Souza, envoyé par Jean III de Portugal.

(2) V. *infrà*, p. 61, note 1.

Le chef militaire et politique dont l'action fut décisive sur les événements de cette époque est désigné le plus souvent par l'appellation de Taïko-Sama, titre qui lui fut décerné après sa mort. Ce personnage illustre, regardé par les Japonais comme le héros national, par excellence, de leur pays, avait porté successivement, pendant sa vie, les noms de *Hideyoshi*, qu'il avait reçu de ses parents, de *Faxiba*, qui lui fut attribué comme général, et de *Toyotomi*, qu'il prit après son adoption par la famille des Fujiwara. « Né en 1536, dans une humble condition (il était fils de « paysan), Hideyoshi ne serait peut-être jamais sorti de son obscu- « rité si Nobunaga, passant par son village, ne l'eût distingué à « cause de sa figure de singe, pétillante d'intelligence et de malice. « Nobunaga en fit son *betto* ou palefrenier. Ce fut là l'origine de la « fortune du jeune paysan, qui dans la suite déploya de grands « talents militaires, porta la guerre en Chine et en Corée, et « devint en même temps célèbre par son équité, rendant la justice « à tous sans distinction de rang ni de personnes (1). » Après avoir passé par les différents grades de la milice, Taïko-Sama devint non pas *shôgun* (c'est-à-dire général de la couronne), comme les histoires rédigées au xviiie et même au xixe siècle l'ont rapporté, mais premier général du daïmio d'Owari, Ota Nobunaga. Celui-ci, de même, n'a jamais occupé, comme l'ont écrit les missionnaires, le trône du mikado : mais, après avoir conquis (1550-1560) les provinces d'Omi et de Mino, il était, en 1568, sous le règne nominal d'Okimachi (mikado de 1558 à 1586), le maître à Kioto ; il disposait, seul, des plus hautes situations de l'État. En 1573, il a supprimé le shôgunat, après l'avoir d'abord attribué à Ashikaga-Yoshiaki. Par lui, Taïko-Sama fut nommé (dès 1568) chef de la garnison du Rokuwara (quartier militaire de la résidence impériale) ; le titulaire de ce poste est aussi quelquefois, il est vrai, qualifié de shôgun, ce qui explique la confusion signalée plus haut. Après la prise d'Iliezan (monastère de moines bouddhistes hostiles au nouveau gouvernement), en 1573, Nobunaga devint, en fait, le véritable dictateur de l'Empire. Surpris et cerné dans un château par un de ses lieutenants, Akechi, qui s'était révolté, ce prince se donna la mort par le *harakiri* (en 1582) : la tutelle de ses enfants appartint à Taïko-Sama. Celui-ci, victorieux de diverses insurrections, de celle d'Akechi, entre autres, obtint en mariage la propre

---

(1) G. Depping, *Le Japon*, p. 14.

sœur de l'héritier du trône, et en 1586 se fit nommer *Kuwambaku*, c'est-à-dire Régent du royaume.

Pour établir sa prépondérance dans le pays entier, il dut faire cesser d'abord la résistance des moines bouddhistes, qui cherchaient à rétablir le pouvoir effectif du mikado ; il détruisit leurs couvents fortifiés. En même temps, parmi les daïmios (feudataires au nombre d'environ deux cents ou deux cent cinquante dans tout l'Archipel), les principaux tentèrent, soit isolément, soit par groupes, de se rendre indépendants. En présence de cet état de choses, Taïko-Sama devait trouver un avantage évident à toute combinaison ayant pour conséquence d'occuper au dehors une partie plus ou moins considérable des forces de la noblesse. C'est là probablement une des raisons qui le déterminèrent à décider l'expédition de Corée, qui dura six ans, de 1592 à 1598. Taïko-Sama avait réuni, vers la fin de 1591, une armée de 200.000 hommes, en grande partie composée de contingents fournis par les daïmios : après l'avoir placée sous le commandement de deux chefs, l'un Kato-Kujomasa, daïmio d'Higo, et l'autre Konishi-Yunikaga, un ancien pharmacien converti au christianisme, il la fit partir pour la Péninsule, où lui-même ne se rendit pas. Tandis que les seigneurs et leurs troupes poursuivaient dans le « Royaume Ermite » de longues et pénibles campagnes, glorieuses d'ailleurs, le Régent eut le loisir de prendre les dispositions qu'il crut les plus propres à assurer sa situation à l'intérieur. En 1597, il eut à réprimer des troubles survenus parmi les clans du Sud : à la tête d'une armée de 100.000 hommes, il s'avança dans l'île de Kiusiu : en quelques semaines, il obtint à Kagoshima la soumission de Shimadzu, daïmio de Satzuma, chef du soulèvement. En dehors des opérations militaires, le Régent s'occupa des intérêts généraux du pays : il fit adopter des mesures destinées à favoriser l'agriculture, le commerce, l'industrie, les arts. Il choisit pour sa capitale Osaka, qui, dès lors, prit un grand développement comme ville de négoce et d'affaires. En un mot, il poursuivit, d'une façon constante et très efficace, la centralisation politique du Japon. Son œuvre, cependant, ne fut achevée que par son lieutenant et successeur Hieyas, souvent qualifié de Richelieu du Japon, qui détint le pouvoir de 1598 à 1616 (comme shôgun à partir de 1603).

Taïko-Sama s'était, d'abord, montré favorable aux chrétiens . « il trouvait en eux un appui pour tenir en échec l'influence des bonzes et du daïri (1) ». Mais peu à peu l'attitude primitive de ceux qui

***

(1) *Voyage au Japon et en Chine*. — Paris, Pigoreau, s. d. (1855 ?). Introduction, p. LI. — Daïri, proprement « le palais du souverain, se prend souvent pour

TABLE DES MATIÈRES

Paris. — Imp. LÉAUTEY, rue Saint-Guillaume, 24.

www.ingramcontent.com/pod-product-compliance
Lightning Source LLC
LaVergne TN
LVHW021143200726
843510LV00001B/225

avaient embrassé la nouvelle religion se modifia, et, par suite, le Régent dut changer aussi sa ligne de conduite à leur égard. Pour des raisons politiques indiquées par Voltaire (1), Taïko-Sama décréta l'expulsion des missionnaires et celle de leurs disciples (1597). Cet édit devait être renouvelé en 1614, puis en 1616, par Hieyas (2).

Cependant, en 1629, il restait encore au Japon 400.000 chrétiens (3). En 1638, les derniers d'entre eux, au nombre de 37.000, entrèrent en insurrection ouverte, dans la province d'Arima; ayant pris les armes, ils s'emparèrent de la forteresse de Shimabara. Bientôt une armée impériale, forte de 80.000 hommes, vint les assiéger : ils périrent, pour la plupart, dans une sortie.

La même année, les étrangers furent exclus tout à fait du commerce avec le Japon. En 1617, leur droit de pratiquer les échanges avec la population de l'Archipel avait été déjà restreint aux deux seuls ports de Firando et de Nagasaki. De plus, en 1621, il avait été interdit aux sujets de l'Empire d'émigrer à l'étranger (4).

A cette date de 1638, le commerce de l'Occident était représenté dans l'Empire du Soleil Levant par les Portugais, établis depuis la seconde moitié du xvıᵉ siècle, par les Hollandais, venus pour la première fois en 1609, à la suite de l'invitation qui leur avait été adressée quatre ans auparavant, et par les Anglais, qui s'étaient présentés en 1612 (expédition du capitaine Sarris, commandant *le Clove*) (5). Tous avaient leur principale factorerie à Firando. L'interdiction s'était d'abord appliquée aux négociants des Provinces-Unies, comme aux autres. Trois ans plus tard, cependant, une exception se produisit en leur faveur, dans des conditions spéciales.

En fait, de 1641 à 1858, seuls, parmi les étrangers occidentaux, les Hollandais furent admis à faire du commerce avec les habitants du Nippon. Ils étaient d'ailleurs soumis à toutes sortes de conditions restrictives, entre autres à celle de ne pas franchir, sauf pour des raisons majeures, les limites de leur factorerie, installée dans l'îlot de Decima (île de De), près de Nagasaki. La valeur des marchandises qu'ils étaient autorisés à apporter au Japon, celle, par conséquent, des produits qu'ils pouvaient emporter en échange, a été, à partir de

---

le souverain lui-même ». (*Dictionnaire japonais-français*, publié par Léon Pagès, Paris, 1862.)

(1) *Dictionnaire philosophique.*

(2) Marquis de la Mazelière, *Essai sur l'histoire du Japon*, p. 223.

(3) Savary, T. V, col. 1294.

(4) G. Depping, *Le Japon.* p. 9.

(5) V. l'article qui le concerne, dans le *Dictionary of National Biography*, publié par Leslie Stephen et Sydney Lee. (Londres, Smith Elder et Cᵒ, 66 vol., 1885-1901).

1685, limitée à 380.000 taëls. Ce règlement, établi par la Cour de Kioto, s'appliquait d'ailleurs également aux Chinois ; il avait même été spécialement dirigé contre ces derniers, en raison du fait suivant : on avait reconnu que, parmi les livres et les écrits philosophiques qu'ils cherchaient à faire pénétrer, il s'en trouvait de favorables au christianisme. L'introduction dans l'Empire de publications de cet ordre avait été formellement interdite au début du XVIIᵉ siècle et surtout en 1638. Les volumes qui, par la suite, furent saisis à Nagasaki, avaient été confiés par les missionnaires de Canton aux négociants chinois de ce port, se rendant au Japon (1).

Les marchandises venant de l'étranger étaient, après leur débarquement à Nagasaki, portées à la foire qui se tenait annuellement à Kioto.

* *

En ce qui concerne spécialement les relations commerciales de la France et de l'Extrême-Orient pendant la seconde moitié du XIXᵉ siècle, on trouvera un ensemble complet d'informations dans la collection des *Annales du Commerce extérieur*, Faits commerciaux, nᵒˢ 1 à 53 (livraisons d'avril 1843 à décembre 1885).

Sont particulièrement à signaler les fascicules :

1. — Aperçu du commerce de la Chine et de l'Indo-Chine en général. — Pareil aperçu pour Manille, Java et Singapore (avril 1843, 157 pp.).

21. — Débouchés possibles, pour les produits français, sur les marchés chinois (février 1855).

38. — Nomenclature et classification des objets de commerce indigène de l'Empire chinois, par M. Eugène Simon, Consul de France à Ning-Po. — Renseignements fournis par le même agent sur plusieurs industries à exploiter en Chine : laines, mines, soies, huiles de pétrole (février 1867).

40. — Commerce extérieur de l'Empire chinois en 1864 et 1865. — Banques et institutions de crédit, par M. Eugène Simon (janvier 1868).

50. — Mouvement commercial des 14 ports chinois ouverts aux relations avec l'étranger, pendant les années 1873 et 1874 (novembre 1876).

Et 53. — Commerce extérieur de la Chine pendant la période 1872-1884. — Navigation en 1880-1884 ; principaux pavillons.

A partir de 1885, la suite de ces renseignements est contenue dans le *Moniteur officiel du Commerce*.

---

(1) V. *Histoire philosophique et politique*, etc. T. I, p. 226.